U0063273

TAIWAN MODERN CAFÉ

臺灣摩登咖啡屋

文可璽——編著

你知道臺灣人什麼時代
　　開始喝咖啡嗎？
你知道咖啡所帶動的
　　臺灣社會風靡時尚嗎？
是有故事和學問的！

來吧！還等什麼呢？
　快快走入時光隧道，
重返臺灣摩登時代，
　慢慢品嚐人文風味的
　　——咖啡物語

何須知道咖啡的文化

　　咖啡，即使我們知道是千年以前衣索比亞興奮山羊發現的傳說、知道植物學稱爲茜草科的分類、知道經由中東轉進歐洲而傳遍全球的路徑、知道是社會思想家指名爲引發公共領域轉型的理論，老實說，並不增添我們眼前這杯的芬香。

　　但是，咖啡的芬香令人悸動，原因畢竟來自兩個不同層次的特質。其一是生理的亢奮，來自咖啡因、丹寧酸刺激中樞神經，不論如何進入體內都有作用；其二，則是心理的快感，來自在咖啡杯四周相聚的人、談論的事、時空的氣氛。

　　眞的，生理亢奮不保證心理爽快。咖啡剛登上歐洲歷史舞台時就曾遭受詛咒、查禁的坎坷對待（一說與降低性慾有關，有心者可自我警覺）。如果咖啡內含的植物生化成份改變有限，那麼我們今天喝咖啡的感受，當然就來自於不同時空的人所賦予，並在歷史上累積成爲大略相似但也各自殊異的「咖啡文化」。

　　所以，今天我們講說「這裡氣氛不對，我們到咖啡廳去聊」，或是「這裡不方便說，我們到咖啡廳去說」，若腦海浮現的畫面，是含情相望的小確幸微笑、或是密謀幹事的小革命熱血，並不因爲咖啡的生化，而是咖啡的文化。

　　即使臺灣的咖啡園不夠夢幻、咖啡豆不夠精良，但臺灣咖啡廳

卻獨有一番風味，既有文青式小確幸、也有憤青式小革命的氣息。臺灣咖啡文化，也就不同於山羊不自主的興奮，不同於公共領域理論的「理性觸媒」，不同於義大利當水喝的「日常飲品」，也不同於法國、美國、土耳其、越南等等咖啡大國的習性。咖啡文化是一種漫長時間的歷史累積，知道一百年前咖啡如何與「摩登生活」結伴登陸福爾摩沙，就更能體會臺灣獨有奇妙的咖啡文化。

　　文可璽《臺灣摩登咖啡屋》就是這樣一本咖啡文化的歷史書。作者花費無比耐心普查《臺灣日日新報》等成堆史料，找出日治時代與咖啡有關的記述用法，把臺灣咖啡館初體驗的年代，由過去認為的1912年カフェ・ライオン（公園獅咖啡），更具體推前到1897年9月廣告見報的「歐風コーヒー茶館」以及1908年在西門市場出現，專賣咖啡豆的「關口商店」。而作者並不滿足於史料整理，還熱切地佐上社會史的觀點解讀，不斷延伸出咖啡在臺灣的「親友團」，包括料理屋、喫茶店或大酒樓，那些富紳文人志士的情事，原來咖啡也都在現場。以往只能在劉捷〈大稻埕點畫〉、王詩琅〈沒落〉、徐坤泉《靈肉之道》等文學作品略知咖啡文化的斷簡殘篇，這次透過文可璽地毯式的報刊文獻補完，咖啡由花柳情色場所演化為文藝思想基地，各色人物在西洋、日本、本土之間搓揉的「摩登之路」才更加具體而鮮活。這樣看來，百年來臺灣生活最新奇、思想最活躍、感受最強悍的男男女女，當年封號黑貓黑狗、墨客風騷，今天所謂文青憤青、前衛菁英，一直都在咖啡杯的四周聚集，談論某些事情，臺灣當前獨特的咖啡文化，應該是歷史註定。

　　當然，以今天沖煮咖啡的技能來衡量，千年山羊咀嚼的生豆鐵定腥臭，十七世紀倫敦的 coffee house，甚至此書考察的二十世紀初臺灣的コーヒー，味覺享受也不會太美好。然而，讀罷一遍無比獨特的這本臺灣咖啡文化史，竟然很想啜飲一杯當年咖啡客張開身體迎接摩登春光的苦澀甜。

蘇碩斌
臺大臺文所教授

〔推薦序2〕

咖啡，一個跨越時態的動詞

　　有一種人注定與咖啡無緣，就是喝了咖啡會心有悸動的人。

　　我就是這種人。一喝咖啡，我心頭就頓時小鹿亂撞，無法平靜。然而這樣的我，卻總仍在心悸的當下，一口一口任咖啡在我口中融化。巴哈（Johann Sebastian Bach）曾在他的《咖啡清唱劇》[1]中透過一位父親（Schledrian）對年輕女兒（Lieschen）嗜飲咖啡的訓誡，描繪了人們冒著生命危險也要擁抱咖啡的執迷。但巴哈或許忽略了人們在享受眼前那杯既愛且恨的咖啡時，所同時飲下的，當下咖啡屋時空的人間光影、記憶刻痕和浮世情懷。我必須坦承，我執著於探訪各式各樣的咖啡屋，和邂逅那其中風情萬種的迷離咖啡香，更甚於愛咖啡本身。

　　詩人波爾嘉（Alfred Polgar）深愛中央咖啡館帶給他的，既被嘈雜群眾相伴、卻又得以擁有完整自我的獨特經驗。他寫道：「這是一個既能夠讓人獨處卻不會孤單的地方，如同顫聲獨唱須要合唱的支持。…那片刻間親切甜美的冷漠（the sweet unconcern of the

---

1　《咖啡清唱劇》（(Coffee Cantata/Kaffeekantate)（ BWV 211）又名「保持安靜，停止喧嘩」（Be still, stop chattering/ Schweigt stille, plaudert nicht），由巴哈完成於1732年到1735年之間。

moment）…令人享受…」 [2]。在留學英國期間我多次造訪歐陸，於不同城市不同巷弄間，透過咖啡館的隱喻，閱讀屬於每個城市獨有的風華和塵埃。因此，我也曾經抵達那舒伯特、史特勞斯父子、佛洛依德、列寧、托洛斯基等人駐足過的中央咖啡館。但當我在遠渡重洋、倒轉時光、終於端坐在波爾嘉曾經如此傾心的風景中、欣賞著窗內的飲食男女和窗外的熙來攘往時，突然間我領悟到，原來咖啡不是名詞，而是一個跨越時態的動詞。

波爾嘉百年前在維也納的彼時彼刻、和我百年後在臺北的此時此刻所低迴品味的咖啡香及閱讀的咖啡館風韻，原來有著如此相近的共振頻率。咖啡，在過去現在未來和西洋東洋臺灣的時空旅行裡，在逝去的、正在逝去的和即將逝去的每一個當下，折射出人間的美麗光影。我喜歡在咖啡屋裡和大家做著同一件事、卻又過著自己的生活——隱身在咖啡館裡稀微的燈光下，飲上一口每一次都獨一無二的咖啡氣味、分享鄰桌的人生、聆聽老闆為我所選的音樂、回顧咖啡館裡蒸餾出來的人文哲思和歲月刻痕。

那是我深愛的光景。

咖啡館，在每個時期的臺灣，擁有不同的色調，但卻都因為容納了群人臉譜和萬千人生，而帶著一股既悲傷又幸福、既世故又超然、既美麗又醜惡、既反動又狂放、既懷舊又前衛的味道。日治時期的臺

2　Polgar, A.（1926）Theorie des 'Cafe Central.' In Polgar, A.（Ed）Kleine Schriften. Vol. 4. pp. 254–59. English Translation in Grafe and Bollerey（2007）91–93.

灣，作爲一個現代性魔法的初學者，輸入並擬仿了諸多那個時代來自東京的摩登風情，並因而品嚐到第一口咖啡的滋味。在那樣一個對未來充滿想像、在精神上與物質上都開放昂揚的時代，咖啡館薈萃了文人哲士、政商菁英、老少男女、普羅大眾的眾聲喧嘩，烘焙了其中的風花雪月、憂國憂民、曖昧情慾和文藝氣息，自此調製出臺灣文化基底中，音樂、文學、繪畫和電影作品所共享的根本氣質。

　　文可璽的《臺灣摩登咖啡屋》，就是在訴說這一個自由奔放時代的飲／食故事。如同本書作者在自序中提到的，「這是一本從史料中捕捉那個時代社會生活的吉光片羽之考掘書⋯」，「主要的目的還在於編織出一種曾經有過的時代想像圖」。透過他厚實的史料鑽研、詳實的報刊收集與細緻的文字描繪，文可璽建立了一個書寫和觀看日治時期咖啡及飲食文化的遠中近三重結構。依循他「如鏡頭般的凝視」，讀者走進了明治年間到昭和時代的料理店、喫茶店、酒樓、咖啡屋，在字裡行間跨越百年時空，或透過角色扮演、或透過虛擬情境，展開一場日治時期臺灣咖啡／飲食文化的田野之旅。

　　書中的每一頁，都是一口摩登、一口冒險、一口華麗和一口歡慶。

莊佳穎
臺師大臺灣語文學系助理教授

〔自序〕

考掘與凝視咖啡屋時代的消費文化

　　很長一段時間，每個禮拜和翻譯朋友德龍相約一地，或茶坊或咖啡店，有時一杯茶，有時一杯純黑咖啡，就這麼一坐一晨午，逐一檢視翻譯出來的文字，討論晦澀難懂的舊日文，兩人往往被手邊的資料迷惑，不禁從現在被拉回到過去，走入舊時代迷宮，並窺看臺灣在日治時期曾經風光過的咖啡屋時代，以及風雲變色的異文化接觸……然後甦醒，兩人再相約下次的見面。

　　面對如此浩繁的舊日文報紙、期刊，乃至專書，有時也會疑惑，走筆似乎永無盡頭，原本一場小小的探索心願，竟也像沒有終點的競走，成了一種愚公移山的蠢行徑。曾經，對這樣的一本出版品，到底對世人有沒有助益？有陣子也讓自己遲疑許久。

　　飲食料理店、喫茶店、酒樓、酒吧、カフェー（咖啡屋）、舞場的軌跡橫跨日人統治臺灣的五十年間，透過這段期間的文字描述，來到1930年代，有時也能和當時的摩登男女一同來一場流行前衛的舞會，跳起世界正風行的查爾斯頓舞（Charleston），或者躲進五光十色的咖啡屋或酒館，聽聽爵士樂，與女服務生打情罵俏一番，暢遊文字情境，如此，想像成了一種最安全的冒險方式。

　　僅透過歷史資料的梳理，原本就無法百分之百重新還原時代面貌，於是想像──也成了閱讀者最大、最自由的空間，可以驚嘆，可

以訕笑，可以品頭論足，更多的是難以置信……沒錯，這就是那個時代，有一群「現代人」生活在如此時空下的社會百態，有輕鬆寫意的流行消費文化，有嚴肅悲憤的臺灣人命題，有前仆後繼的反抗情操，有八股蠻橫的治理，也有不可違逆的時代命運，但是咖啡屋的消費文化，卻讓那段時間不算短、而又政治沉重的年代，彷彿有了另一處欲望的出口。

這是一本從史料中捕捉那個時代社會生活的吉光片羽之考掘書，雖然依時間順序前進遊走偵探，但並不是一部正經八百的歷史著作，也沒有高深的理論，最多反而是如鏡頭般的凝視，當中顯現的真實情境其實遠不及十分之一，甚至百分之一，主要的目的還在於編織出一種曾經有過的時代想像圖，如果讀起來可以令人回到過去，能擴大視野，能喜歡，就是最大的收穫。而往昔龐雜的、豐富的日文史料，如果有更多有心人去翻譯、詮釋和整理，那麼就會有越來越多的小小編織圖出土，也許有朝一日就能慢慢拼湊出更大的歷史圖像，期待這一日來臨。

感謝在編撰過程中不吝幫忙、賜教的朋友德龍、振瑞、Bruce及從旁協助、鼓勵成書的其他師友，沒有他們的智慧挹注，就沒有這本書。

文可璽　癸巳年08.14

目 錄

推薦序 1　何須知道咖啡的文化／蘇碩斌　　.................................4

推薦序 2　咖啡，一個跨越時態的動詞／莊佳穎　.................................7

自序　考掘與凝視咖啡屋時代的消費文化／文可璽　.................................10

走進臺灣摩登咖啡屋

🫘 摩登時代的代名詞 ── 咖啡屋與咖啡

走向時代尖端　　.................................18

嚐一口咖啡形容詞　　.................................21

🫘 臺式與洋式咖啡屋

臺灣本島遊廓的形成　　.................................23

臺灣本島人的花柳界　　.................................26

歡樂的王宮カフェー（咖啡屋）　　.................................29

官方定義下的カフェー（咖啡屋）　　.................................32

穿越時空喝咖啡　　.................................37

明治年間的飲食料理店與咖啡屋

🫘 飲食男女的情慾空間 ── 料理屋與飲食店

臺灣出現西洋咖啡茶館　　.................................40

軍政時期禁制渡臺　　.................................42

日本咖啡屋興起　　.................................43

臺北城內第一家西洋料理店　　.................................44

交際與情慾流動的飲食空間 ── 料理屋與飲食店巡遊　48

女招待員群像　　.................................62

料裡屋之今日昨日　　.................................64

西門外竹圍內　　.................................65

日人統治最初十年的艋舺花柳界　　.................................66

春色無邊的料理店和飲食店　　.................................68

🫘 另類咖啡產品

舶來咖啡糖　　.................................69

日本產咖啡糖　　.................................70

配茶好滋味 ── 咖啡菓子甜點　　.................................72

🫘 **咖啡與茶的對話與競爭**

　　第一回臺北縣物產評品會　　..................74

　　鼓吹茶葉振興，設立喫茶店　..................76

　　喫茶店與菓子甜點店在臺灣　..................77

🫘 **明治末年的城市消費文化與空間**

　　臺北新公園　　..................90

　　電光照耀下的臺北市　..................92

　　初期施行的都市計畫　..................93

　　臺南颳起日式時尚風　..................93

　　明治40年的臺南西洋料理店　..................94

🫘 **臺灣出現第一家咖啡專賣店**

　　新起街市場八角堂　　..................95

　　臺北物產共進會　　..................96

　　臺灣第一家咖啡專賣店 —— 新起街市場關口商店　.....97

　　八角堂的一頁滄桑　..................99

🫘 **大眾旅遊時代的來臨**

　　西洋料理價格騰貴　　..................104

　　南北縱貫鐵道開通與鐵道大飯店落成開業　..................104

　　第一回臺灣南部物產共進會觀光團　..................106

　　喝咖啡的特殊空間 —— 鐵道車廂、郵輪和空運　.......107

　　明治時代的結束　..................114

大正年間的文化咖啡屋

🫘 **大正時代咖啡的消費與生產**

　　大正咖啡消費文化的普及　..................118

　　日本農民移民巴西種咖啡始末　..................119

　　咖啡農移民之路　..................121

　　笠山農場的黃金夢　..................125

　　人口販賣與異俗奇觀的汙點　..................126

🫘 **歐風咖啡屋公園獅**

　　臺北新公園內公園獅「ライオン」的創立　..............128

　　公園獅開幕園遊會　..................129

公園獅的評價 　　　　　　　　130
公園獅新增營業空間 　　　　　134
番茶會與公園獅寫真 　　　　　136
臺北公園獅的十分鐘印象 　　　137
公園獅在總督府新廳舍設立分店 　138
公園獅新廳舍店的小插曲 　　　140
漫畫家國島水馬速寫公園獅 　　142
公園獅轉手糾紛 　　　　　　　142
公園獅走入歷史 　　　　　　　143

☕ 臺灣產業博覽化時代

大正工業化、都市化、大眾消費文化時代的到臨 　145
臺灣勸業共進會 　　　　　　　146
市街改善計畫 　　　　　　　　147
始政三十年展覽會 ── 中部臺灣共進會 　148
大正文化商品化 　　　　　　　150
創新商業廣告手法 　　　　　　152
官民聯合促進消費 　　　　　　153
大正年間的政治社會文化運動 　154

☕ 純臺式咖啡屋 ── 大酒樓

臺式大酒樓東薈芳的競合與起落 　158
春風得意樓，稻江烹調第一流 　164
如此江山如此樓，東南盡美不勝收 　166
文化沙漠中的甘泉、大稻埕的「梁山泊」── 山水亭 173

☕ 大正文化末俗

大正時代末期的日常物質生活 　176
大正時代結束 　　　　　　　　178

昭和時代咖啡屋大觀

☕ 昭和文青、咖啡屋與文化運動

昭和年代臺北島都與東京帝都的文藝青年 　182
文化運動的聚會場所 　　　　　183

最風行的休閒活動在臺灣

尖端的跳舞時代　　　　　⋯⋯⋯⋯⋯⋯⋯⋯⋯192
時代的尖端寵兒──「カフェー」繁昌記　⋯⋯⋯⋯193
行動咖啡屋　　　　　　　⋯⋯⋯⋯⋯⋯⋯⋯⋯195

昭和時期的世界變局與大眾生活

從滿洲事變到蘆溝橋事變　⋯⋯⋯⋯⋯⋯⋯⋯⋯197
高雄港勢展覽會　　　　　⋯⋯⋯⋯⋯⋯⋯⋯⋯199
廣告祭與商業美術展覽會　⋯⋯⋯⋯⋯⋯⋯⋯⋯199

咖啡屋時代的來臨

咖啡屋營業變遷　　　　　⋯⋯⋯⋯⋯⋯⋯⋯⋯206
咖啡界最時髦的社交活動　⋯⋯⋯⋯⋯⋯⋯⋯⋯213
島都咖啡屋、喫茶店寫真大觀　⋯⋯⋯⋯⋯⋯⋯215
臺北咖啡屋、喫茶店之旅　⋯⋯⋯⋯⋯⋯⋯⋯⋯222
昭和時期臺灣咖啡的生產與消費　⋯⋯⋯⋯⋯⋯234

臺灣史上第一大博覽會

公園獅與臺北俱樂部熄燈結束　⋯⋯⋯⋯⋯⋯⋯242
躍進臺灣之姿──「始政四十周年記念臺灣博覽會」　244

漢字文人的摩登咖啡屋

咖啡屋時代的風花雪月　　⋯⋯⋯⋯⋯⋯⋯⋯⋯247
風花雪月話「珈琲」　　　⋯⋯⋯⋯⋯⋯⋯⋯⋯254

進入戰爭時期的咖啡二三事

決戰下停止娛樂的聲音　　⋯⋯⋯⋯⋯⋯⋯⋯⋯258
戰爭下的青年悲歌　　　　⋯⋯⋯⋯⋯⋯⋯⋯⋯262
昭和時代結束　　　　　　⋯⋯⋯⋯⋯⋯⋯⋯⋯266

附錄　　　尋找臺灣咖啡栽培試驗先鋒──游氏兄弟　⋯⋯⋯268

參考書目　　　⋯⋯⋯⋯⋯⋯⋯⋯⋯⋯⋯⋯⋯⋯⋯⋯⋯292

走進臺灣
摩登咖啡屋

摩登時代的代名詞 —— 咖啡屋與咖啡

走向時代尖端

　　十九世紀末，日本明治政府高舉「文明開化」大纛，天皇率先穿西裝、剪短髮、啖牛肉，將學習歐化的政策發揮至最高峰。此後，日本官方爲國際社交所開設的迎賓所「鹿鳴館」（1883年），即以奢華的法式料理宴客，做爲西洋飲食文化的一環，餐後咖啡更不可少。

　　日人爲了趕上「遲到的」現代化社會與國家，歐化主義上行下效的結果，現代（modern）—— 日本人直稱「モダン」，幾乎等同於那個時代最明顯的表徵。衣食住行影響所及，幾年後被認爲是日本第一家咖啡店的「可否茶館」（1888年），就在東京下谷區上野開業，茶館主人鄭永慶在開幕廣告單上打出了咖啡一碗壹錢五厘，加牛奶則一碗貳錢。

　　二十世紀初，「現代」雖然被快速移植到亞洲，原屬於現代社會、經濟和政治範疇的學習，卻在一般庶民的生活層面上產生了轉變，大量快速的塡鴨下，甚且有點「消化不良」，不管「現代」還是「摩登」，可能貶多而褒少。彼時中國人使用「摩登」一詞，臺灣因已受日本殖民治理，起初迻譯「モダン」爲閩南語「毛斷」，後來也同用「摩登」一詞，其中在大眾報刊《三六九小報》（1930年10月23日）中，即見眞實故事寫成的〈一個毛斷女的裡影〉：

　　她是為了虛榮的念頭，並不是沒有智識的女子，到如今亦不得不走出那尖端步驟，和舉著那妖美的樣兒來迷著那性狂的人們！

　　「摩登」或「毛斷」，來到臺灣後，原本進步、開化的意義轉化成「時行」、「時髦」、「流行」的表面符號，摩登男女、摩登髮型、摩登服裝、摩登流行女鞋、摩登舞踏、摩登自動車等，但在智識人士的眼中，卻多的是貶義，《楞嚴經》早有「釋迦從弟阿難，遇摩登伽女，攝入淫事，將毀戒體」的開示。而1930年代後，臺灣走向「南進基地化」、「工業化」、「皇民化」，現代（modern）轉而夾雜著殖民地的侵略政策，更像是衛道人士眼中的洪水猛獸。

　　另一方面，臺灣受日本都市計畫的影響，也展開新概念的市街改正，寬闊的幹道、公園道及大型公園設施的設置，臺北市、花蓮港市、臺中市、高雄市、基隆、屏東、新竹、彰化等地皆大幅擴張市區計畫。一方面是重建地震後復甦中的帝都東京，一方面是日漸擴張的島都臺北及各市街，此時不管是競走日本的留學青年或是島內的知識分子，在書寫的文字當中，都不可免的帶出

▲1920-30年代，上海「翻新」（Fashion）旗袍時裝風吹向臺灣，「毛斷女」也跟著流行起摩登時代最時髦的薄紗旗袍與髮型。

▲ 臺北三線道路是臺灣最著名的現代化城市象徵標記之一

近代化都市日常生活、休閒與消費方式的面貌，或者更深層的社會環境與階級問題。當時蓬勃盛行的喫茶店和咖啡屋文化，亦無可避免的成為帝都東京與島都臺北的主場景。

　　而走向時代尖端、追逐流行的摩登男女，輪流在酒樓、舞廳、喫茶店、咖啡屋之間趴趴走，在那個年頭，醉翁之意不在酒，有文人也忍不住消遣，寫下：

　　旗亭舞榭珈琲館，盡日人如集臭蠅；
　　最是月宮宮裡客，飲冰來此不嘗冰。（節錄林春懷〈飲冰〉丙）

連在冰店吃碗冰都可能被視為帶有「逐臭」的情色意味呢！

嚐一口咖啡形容詞

二次世界大戰前，著迷於咖啡學的日本版畫家奧山儀八郎，曾追究日語漢字「咖啡」一詞的演變，直到1888年（明治21）鄭永慶在東京下谷開設「可否茶館」時專賣咖啡、牛奶的文宣廣告爲止，共發現六十幾種如「可喜」、「哥分」、「珈琲」、「咖啡」、「過稀」、「可非」、「茄菲」、「加菲」、「可否」等稱呼咖啡的日本語漢字。而自從咖啡在日本民間流行起來後，咖啡的名稱也逐漸約定俗成，明治末期到二戰前較常見的有「茄菲」、「珈琲」、片假名「コーヒー」、「コーヒ」等coffee的外來語，或用以稱呼咖啡館的「茶館」、「喫茶店」與片假名「カフェー」、「カフェ」及變體「カフェー」、「カフヱ」等café的外來語。

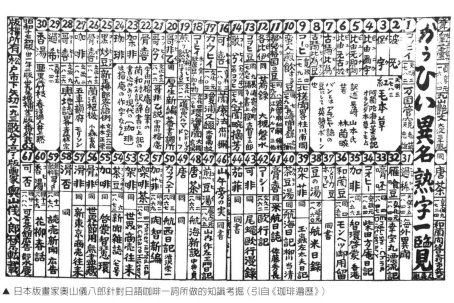

▲ 日本版畫家奧山儀八郎針對日語咖啡一詞所做的知識考掘（引自《珈琲遍歷》）

　　清光緒末年，曾有洋行來臺種植咖啡，當時的漢籍中雖有「加非果」或「加非番果」等名目，但自從1895年日本入據臺灣後，也直接影響島內使用日語來命名和稱呼，遂有以「茄菲（木）」、「珈琲」、「カフェ」、「コーヒー」、「喫茶店」、「カフェー」等，用來指稱咖啡樹、咖啡飲料，或者備有咖啡、茶與酒類等提供客人飲用的消費空間。不過有一段時期，臺灣人對於咖啡與咖啡店的用字仍非常廣泛多元，曾見「可喜」、「咖啡（樹、木）」、「珈琲館（店）」、「珈琲座」、「咖啡館（店）」、「喫茶店」、「加扶館」、「嘉會」、「洋茱館」、「酒場（指カフェー）」等擬音字或外來譯字。

▶ 昭和10年（1935）臺灣博覽會期間西洋料理店改陽軒是非常著名的西洋料理店。當時已經可見與啤酒廠商合作招牌廣吉的宣傳。

▲ 竹巴料理店室內座敷空間，裝潢雅致。

臺式與洋式咖啡屋

臺灣本島遊廓的形成

　　明治29年（1896）3月30日總督府頒布法律第六三號，4月1日正式進入民政時期，始放行日本內地民間人士來臺，也開啟了日人來臺開設西洋料理店的契機。咖啡做為西洋料理中的代表性飲料被引進臺灣，並滲入各種營業場所，其中總督府的農業部門對於咖啡此種經濟作物的種植試驗也高度關注，不過對於可以喝到咖啡或茶的消費空間，無論是貸座敷、料理屋、西洋料理店、菓子店、喫茶店或咖啡店、啤酒屋、酒吧等行業，卻命運大不同。

　　還未進入民政時期以前，明治29年1月，有日人首先在艋舺開設

「滿花樓」貸座敷兼料理店。臺式的「貸座敷」原是從日本遊里（遊廓）移植而來，遊里內包括「廓」與花街，也是日本最負盛名的花柳街町。其中藝妓、舞妓居住生活的地方稱為藝妓館、藝者店或傾城屋，甚至後來在昭和時期，臺灣島內官方也引進類似此種營業方式，稱之為「置屋」，出租給藝妓與酌婦（陪酒女郎）居住。日本幕府為統一管理，將這些藝妓館集中在劃定的町區內，稱為「廓」，是官方許可的色情區。有時「廓」還會有城牆與壕溝阻隔外界，藝妓只能在「廓」內活動，不可隨意外出。

「廓」成為人潮聚集的地方，也吸引料理屋與「待合茶屋」在附近開設，因此與藝妓館共稱「三業地」，形成繁華熱鬧的花街盛場。待合茶屋最早由寺廟旁的茶館演變而來，是一處提供聚會的場所，不賣酒菜，也無藝妓，只是依照客人的需求預約酒菜與安排藝妓。酒菜由料理屋準備，而藝妓館則安排藝妓到茶屋的酒宴上表演歌舞或為客斟酒，稱之為「座敷」，其原意本是在榻榻米上鋪置座墊，後引申為接待客人之意，與漢人藝姐至酒樓陪酒「出局」相仿。

「座敷」由日本傳入臺灣後，變為出租房間的場所「貸座敷」，日後也成為公娼妓院的代名詞，由於殖民之初日式料理店極少，所以貸座敷通常也兼營料理店，提供酒菜。日治初年因值軍政時期，嚴禁日人渡臺，對女性尤其嚴格，臺式的貸座敷也不得不招攬在地婦女伺酒，「滿花樓」即曾聘用四名臺籍娼妓服務。

明治29年（1896）開放日人自由渡臺後，一時飲食店、料理店、貸座敷興設，臺北一地在撫臺街有「常盤」飲食店；西門街有「養氣樓」料理店，店內有一藝妓小花，據說是來臺日本藝妓的第一人；是年6月起，總督府以整頓市容為由，在各大城市陸續劃定「遊廓」，如

臺北有艋舺遊廓，位於直興街、歡慈市街、大溪口街、凹斛仔街、舊街、廈新街、水仙宮口街、頂新街、大象廟口街一帶。並在各地遊廓區設置「檢番」（類似日本遊里內的「見番」，有監管、仲介娼妓並從中抽稅的職能），集中管理娼妓，臺北一地在新起街、城內與大稻埕建昌街即設有檢番。明治時期由於娼妓的身分特殊，也被分成三種等級，即藝妓（藝妲）、藝娼妓和酌婦。

　　明治30年後，遊廓有明顯的共生情況，才三年時間即吸引不少混合式的花街三業進駐，到明治32年《花柳粹誌》刊載統計，單就艋舺一地就有貸座敷55家、料理店73家、飲食店29間、藝妓125人、公娼501人。至明治32年，《台灣協會會報》第6號報告臺灣現地情況，在臺北、臺南兩大城市所見之日籍婦人大約一千三百人，其中就有八百人以上是從事藝妓、藝娼妓和酌婦行業。日人官員出入酒樓狎妓的醜態充斥在日治初期。

▲ 1930年代萬華遊廓，為集中管理的風化區。

▲ 1930年代臺南新町遊廓

臺灣本島人的花柳界

　　而與日人平行發展且淵源流長的在地歡樂場則屬臺式酒樓與臺籍藝妲（旦），其中以清道光至光緒年間的臺北艋舺和咸豐年間的府城臺南為著。艋舺港口自古船檣商賈雲集，市況繁華非常，以至於帶動港口附近凹肀仔一帶形成臺籍妓樓娼寮、酒樓旗亭聚集的地區。該地除了賣身的娼妓外，另有通曉南北管樂曲的藝妲廁身其間。日人藝妓來臺後，沒幾年光景，原本在酒宴中並無舞蹈表演的臺籍藝妲或娼妓，也模仿起日籍藝妓的歌舞表演，明治34年度後也風氣大盛。

　　艋舺高山文社詩人倪炳煌嘗作「遊廓竹枝詞」（八首）形容艋舺歡樂場景況，詞中或可一睹遊廓內露骨的男歡女愛：

　　薦枕連衾好女郎，聲歌奏上盡宮商；
　　電光徹夜輝如畫，第一人間歡喜場。

不知貴賤別卑尊，日裡施脂夜倚門；

巧樣梳粧媚客意，令人一見一銷魂。（節錄兩首）

　　不過自從日人劃出艋舺遊廓，加上河川淤積，艋舺河運地位不如從前，凹肚仔一地反成爲廉價低級的臺籍娼寮區（貸座敷），而另一河港大稻埕反倒趁勢更加興盛，有爲數不少的藝姐間也因此在太平町幾家臺式大酒樓附近攏集。直到昭和初年，新型態兼賣酒類的「カフェー」咖啡屋消費場所成爲一股不可抵擋的新風氣，部分艋舺的臺式酒樓旗亭也不得不改成新式的酒樓營業，有些娼藝妓轉而從事「女給」（女服務員），而身懷才技的臺籍藝姐則大多隨商況流動遷徙至大稻埕，以後艋舺一地乃漸漸減少。

　　而臺南方面的臺籍娼寮、茶館或酒樓，在咸豐年間則多開設在大西城門邊以及五條港水仙宮一帶。文人劉家謀的竹枝詞〈海音詩〉即有自註說明：「大西門內，右旋而北，面城居者，皆狹邪家」。另一文人連雅堂〈花叢迴顧錄〉亦記：「西關之外，盛設女閭，風定日斜，歌聲漸起，衣香花氣，盪魄銷魂，誠昇平之樂事」。連氏也另外提到城西一帶，「唯南勢街尤爲銷金艷窟」。南勢街是水仙宮前照墻後南畔的街衢，明治40年日人設

▲ 日畫家石川欽一郎筆下的藝姐雲霞

▶ 大正15年臺南市街圖，新運河附近新町一丁目，即集中新發展的遊廓。

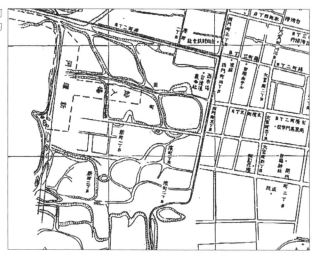

檢番，劃定南勢街爲日籍貸座敷，臺籍娼寮則集中在粗糠崎、媽祖港一帶，直到大正11年（1922）臺南新運河開闢後，又將臺、日籍貸座敷全數遷至新町（今康樂街、大智街、大仁街、大勇街一帶），成爲臺南的新遊廓，時有《臺南新報》記者黃拱五〈竹枝詞並序〉描繪新町汐止橋兩畔燈紅酒綠的風情，其中更有「貸座敷」、「仲居」（女招待）等日語名詞出現：

遙指新町一小隅，春光佳景可歡娛；
衣香鬢影迷魂窟，新易名辭貸座敷。
北國樓前月上時，長安游俠莫來遲；
仲居門首殷情甚，呼客聲聲胡海兒。
結隊紅裙樹兩軍，橋名汐止內臺分；
鼕鼕大鼓歌明月，度曲聲嬌憶少雲。（節錄）

　　詞中「橋名汐止內臺分」所指乃新町汐止橋爲內臺遊廓之分界，即北面爲日籍貸座敷區，南側則是臺籍娼寮酒樓。最盛時期有大酒樓小蓬萊、松金樓；日籍貸座敷如開門樓、北國樓；臺籍勾闌如眞花園、玩春園；甚至有朝鮮人經營的鮮月樓、朝鮮樓等酒樓。

　　大正、昭和時期以後，「カフェー」咖啡屋由北向南風行，有些老酒樓不得不降低消費價格迎戰。昭和8年（1933），臺南的老酒樓「醉仙閣」、「寶美樓」藝姐的出局錢由三圓降至二圓，甚至有大稻埕藝姐直接鳩資六千圓籌設「カフェー」。另外也有乾脆在酒樓內新設酒吧，或者直接改裝成新式「カフェー」迎接咖啡時代的來臨。不論「コーヒー」或「カフェー」指的是哪一種咖啡，在有女服務員招待的喫茶店、菓子店純喝咖啡，或除了咖啡還有美女、醇酒佳餚的摩登「カフェー」、啤酒屋、酒吧諸空間，始終擺脫不了情色成分的糾纏，這也讓咖啡屋的定義蒙上一層異色的神祕觀感，不過根據日人對咖啡屋沿革的考據，或許可以讓日治時期的咖啡屋有更加清楚的輪廓。

歡樂的王宮カフェー（咖啡屋）

　　「カフェー」咖啡屋在日本流行後的風俗現象，也引發了探討趣味。昭和4年（1929），日人村嶋帰之即詳細考察昭和初期的飲食料理屋和咖啡屋的類型與服務人員。雖然在日本最初由上流階層或知識分子帶入飲用咖啡的習慣，但進入昭和時期後，咖啡已經滲透飲食各界以及大眾生活，各類型的飲食店都可能喝到咖啡，若僅拘泥於咖啡屋的店名上是否出現「咖啡」或「喫茶」兩字，則可能會錯失如此豐富多樣的飲食文化發展。昭和5年春，結合酒吧與包廂的咖啡屋流風

由日本傳向臺灣，爵士樂、華爾滋、傳統小曲的聲浪淹沒了臺北的咖啡屋界，女給在咖啡屋內還可以與客人翩翩起舞，成為另一種咖啡屋搶先走在時代尖端的流行現象。

　　昭和7年，在臺日人今井廉不遑多讓，也著書帶領讀者一覽島內有美女們伺候的知名「カフェー」，如「日活」、「牡丹」、「南國」、「公園獅」、「永樂」、「美人座」、「高砂啤酒館」、「我的巴里」（モンパリ，或譯「夢巴里」、「忘八里」）等。今井氏引介村嶋帰之的考察以為當代流行的「カフェー」咖啡屋之名稱，從包羅萬象的經營內容看來，舉凡「純粹咖啡屋」（以販賣咖啡為主要營業者）、「麵包店」（以販賣糕點、麵包、糖果、簡餐為主）、「蘇打、清涼飲料店」（以清涼飲料蘇打水、冰淇淋等為主）、「餐廳」（以西洋料理為主）、「酒吧」（酒館）、「cabaret」（酒家、夜總會）（供應飲食物外，還提供餘興如爵士樂團、舞蹈表演等或設有舞池者），幾乎涵蓋了所有的經營模式。換言之，此「カフェー」語詞，本來即是源自喝咖啡的店舖和場所，必然是與「咖啡」一詞有著極其直接的關係存在，甚至於日俄戰爭前後，在日本內地有兼賣牛奶的小吃店、啤酒館等飲食店，也算是咖啡屋類型的另一分支。

　　臺灣當時正在盛行俗稱「カフ

▶ 「モンパリ」（我的巴里）咖啡屋門口玄關，笑容可掬的女給（林德龍藏）。

1935年臺灣博覽會時期的「我的巴里」咖啡屋，具現代建築幾何線條樣式，建物邊角還有衛塔的設計，樓頂則以小型鐵塔招牌突破天際線（林德龍藏）。

ェー」的咖啡屋，在其觀察下，則大部分主要都是與「餐廳」、「酒
吧」、「酒家」（如「我的巴里」）等營業相關的店家。而在咖啡屋
的店名、建築外觀、室內裝潢、飲食物，以至於燈飾的運用上，皆可
看見昭和初期咖啡屋流行西洋風的趨勢。例如：簡式的拱窗、舞臺、
舞池，或使用青、紅、綠、紫的霓虹燈等。又如旋轉椅子和安樂椅、
鋼琴和收音機、管弦樂和座位，或者屋頂花園的設置、精雕細琢的天
花板、牆壁和地板。電燈裝飾和彩花、椅子和桌子、花瓶和插花、書
櫃和油畫等布置；此外，餐桌與餐桌之間還有盆栽、洋酒架或櫃檯隔
開，以及啤酒吧檯的安排；加上留聲機、收音機、鋼琴、三重唱，一
直到大正琴都樣樣俱全。夏天時店內還會安置冰柱、製作噴水，與電
風扇結合；到了冬天，從電暖爐到煤炭火爐，紅色的火燄四處舞動。
一遇夏季納涼會（夏季供民眾趨炎避暑所舉辦的特賣會或園遊會）、
賞櫻會、賞楓紅、耶誕節，店面皆全面裝飾，女服務員也一律穿著整
齊畫一的衣裳穿梭其間。而彩色的電火球，以間接的方式，或隱藏在
天花板裡面，或將色彩塗抹在豪華吊燈上，或放置在餐桌上，幽暗又
炫麗的照明簡直成了摩登咖啡屋的代名詞，成為十足的「一個夢的國
度」。

官方定義下的カフェー（咖啡屋）

　　臺灣的咖啡屋和喫茶店在各地零星開設尚未盛行前，仍歸類在料
理店和飲食店的取締範疇內。由於飲食店係人群密集之處，警察執行
職務的重點，主要在於防止店內發生打鬧孳事，普遍均以維持治安為
調查取締的出發點，理當離不開對「酒色」的管制。

▲ 永樂咖啡屋室內，女給立於靠牆處，牆面置有美術畫裝飾。

▼ 大正14年（1925）5月，原第一代公園獅店主篠塚初太郎另起爐灶，在西門町新開了一間喫茶店「永樂」，後來又轉型成兼賣酒精飲料的咖啡屋，圖為永樂咖啡屋庭園一景。

　　昭和初期臺灣適逢時代最尖端的跳舞社交活動流行，官方無法源可管制取締，僅能以鴕鳥心態拒絕民間申設舞場（舞廳）。昭和5年（1930）開始有業者提出經營舞場的申請，雖沒有通過，但流行的趨勢不可抵擋，已有業者在咖啡屋內或藉由舞踏俱樂部的社交名義，提供額外的女給陪舞服務，偷渡最尖端的跳舞活動。遲至昭和7年2月，臺北州令第一號「舞踏取締規則」公告後，跳舞場的開設才有法可循。

　　以後咖啡屋開設的數量增多了起來，官方又困擾於所帶來的社會風紀問題，諸如男女關係、營業時間、環境公害、違反風紀、營業空間的定義曖昧等，複雜的現實問題，也讓取締執行易生紛端。

▲ 1930年代高雄遊廓

直到昭和8年2月，高雄州實施藝妓酌婦的檢番制度，接著在昭和8年4月21日，發布州令第七號「料理屋、飲食店、カフェー、待合及置屋營業取締規則」以及州令第八號「藝妓、酌婦、女給取締規則」，並預計在兩年到五年的緩衝期後，期將臺灣的料理屋、待合（招妓玩樂的酒館）、置屋（出租給藝妓、酌婦暫時居住的房間）「三業分離」獨立，令各營業單位的空間及服務內容定義清楚明白。

在發布取締規則前，常見有料理屋與咖啡屋兼營的情形，

▲ 昭和7年（1932）「我的巴里」咖啡屋女給房子小姐

提供客人吃喝玩樂無所不包，有座席、有酒菜，還有藝妓、酌婦陪酒，「三業分離」的新政策祭出後，欲一併解決餐飲業的亂象，營業場所與服務人員皆有詳盡的釐清和定義，可讓警察更容易去執行取締工作。此時的咖啡屋被規範成為——是一種應客人之需，提供飲食物的行業。較為特別的是，店內聘用短髮漂亮的女給周旋服務，有爵士樂、燈光營造氣氛，讓客人陶醉在歡樂奇境中。在過去常見的「日本間」茶屋式的咖啡屋，也必須在兩年的緩衝期後，逐漸改造為新式的大廳空間。此外更嚴格規範咖啡屋內的照明度與隔間設備，更不得設置舞臺，以杜絕客人和女給間可能越軌的色情行為或跳舞活動。

　　高雄州「三業分離」的政策一出，臺北南警察署轄區也於昭和13年9月1日跟進實施。臺南州亦在昭和15年發布州令，將料理屋、飲食店、咖啡屋、喫茶店等重新歸類爲「特殊接客營業」（特殊服務營業）的行業；其中所謂的咖啡屋，不問名稱是否冠有「カフェー」，只要是設有一定的客廳，爲西洋式的設備，提供飲食物，以婦女接待客人之行業；至於所謂的喫茶店，亦不問名稱如何，係設有一定客廳，爲西洋式之設備，提供客人酒類除外的簡易的飲料、甜點，以及水果的行業。至此，咖啡屋與喫茶店的最大區別，可以說在於有無酒

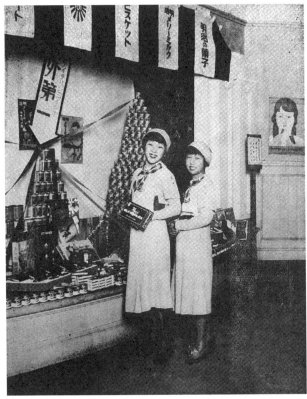

◀ 1930年代明治製菓在商展上的服務員，充分展現現代新潮的女性形象。

精飲料的供應了。

　　高雄、臺北、臺南各大都市對餐飲服務業營業的取締規則與三業分離的政策紛紛出籠，因此不論「カフェー」咖啡屋、喫茶店，或者料理屋、飲食店，空間內部陳設與服務人員的工作性質在臺灣明朗化，總之，有法源可供警察取締管理後，一併解決過去定義紊亂、遊走法律邊緣的各式飲食店營業空間的問題。

穿越時空喝咖啡

　　時間來到昭和10年（1935）2月，有位記者一副正襟危坐的樣子，不忘告誡到喫茶店喝咖啡的人，應該這樣喝：

> 　　喝咖啡前，先一口喝掉之前送來的白開水，然後再一口兩口的喝掉這杯咖啡，根據經驗，是不是咖啡，舌頭最清楚，因為那樣是有苦味的。

　　穿越時空回溯至今，純喝咖啡的姿態似乎沒有多大改變，但喝咖啡的空間卻與時進化大不同，顧客選擇到不同類型、不同服務的店家去「喝咖啡」，目的上也因此昭然自明。

▲ 早期傳統臺人藝妲則是被養成「色藝雙全」琴棋書畫樣樣通的女性

明治年間的飲食
料理店與咖啡屋

飲食男女的情慾空間
——料理屋與飲食店

臺灣出現西洋咖啡茶館

　　日治時期臺灣最早出現的第一家咖啡茶館，先有考證指出，大正元年（1912）底見報、大正2年元旦刊登廣告，位於臺北公園（後稱新公園，今二二八和平紀念公園）中的西洋料理茶館「ライオン」（公園獅）；後來繼有資料顯示，至明治30年（1897）11月9日《臺灣日報》刊登廣告的「歐風コーヒー茶館」西洋軒，比公園獅更早開設。然西洋軒確實的開業時間，若再斟酌，早在廣告前一個多月，即明治30年9月22日起一連五天，西洋軒在《臺灣新報》廣告版以「改良西洋御料理」之姿所刊登的宣傳文：

　　改良式西洋料理　　特等一人份壹圓

　　　　　　　　　　　上等一人份七十五錢

　　　　　　　　　　　普通一人份五十錢

　　　　　　　　　　　單點十二錢

　　本月二十二日起開始營業，與內地同樣廉價，由專業廚師提供迅速的服務，敬請品嚐，敬請指教。

　　　　　　　　　　　　　　　　西門外竹圍內　西洋軒

▲ 大正全盛時期西洋料理茶館公園獅的女給們。大正 10 年左右

　　不久後，明治 30 年 9 月 25 日《臺灣新報》對西洋軒的開業新訊，持續有簡短的追蹤報導。西洋軒接連曝光見報，可以斷言明治 30 年 9 月 21 日或最晚 22 日，已在臺北西門外竹圍內創店開業。有趣的是，若換個角度來看這些接連披露的消息，先登付費廣告，後附加報導的操作手法，已經可以看見百年前的報紙媒體運用置入性行銷的雛形。

　　雖然西洋軒的前後廣告強調，係一改良式洋食或歐風咖啡茶館，能提供西洋餐點與飲料，但以當時日本領臺初期的餐飲消費民風而言，可以純粹喝上一杯咖啡而且有能力消費得起咖啡的人，想必也唯有上流社會一族。

軍政時期禁制渡臺

　　日人治臺前，臺灣的港口、街市聚落或城內行政區，商業與農業活動的區分並不明顯，農業人口仍占多數。1895年（明治28）日軍進入臺北城，所見城內土地多為農田。明治28年6月日人始政，至明治29年4月1日實行軍政時期，臺灣各地兵馬倥傯，抗日活動不斷，所有日常活動皆屬軍事行動，總督府更禁止與軍事行動無關的日本民間人士渡臺。創刊於明治29年6月17日的《臺灣新報》，新聞報導內容即充斥著在臺日本人的鄙陋言行，有偷摘水果、有強奪物品、有酒醉鬧事、有裸露身體、有盜用公款、有爭奪娼婦等等醜聞。在這段「禁制渡臺」之軍政時期，能夠找到一家純正咖啡屋的機會十分渺小。

　　甚至在明治29年4月1日以後進入民政治理，最初自由渡臺的日本女性也大多是藝妓、酒女與娼妓，而在此期間內陸續有新設的茶館、會席料理店、溫泉會場、旅館兼料理屋、日本料理店或西洋料理店等飲食屋，免不了參雜了酒色與情慾成分。以致於一些趣味娛樂休

▶ 昭和7年，永樂咖啡屋的女給們與客人在納涼渡船上。

閒活動，如夏日夜晚的納涼遊船或明治末年北投納涼旅遊列車，也常有藝妓陪遊的安排。

　　一般而言，主打販賣西洋料理的餐館或茶館，咖啡可謂是最具代表性、也不可缺的餐後飲料，據明治45年4月14日的報紙報導，臺北新開設的和風模範浴場，場內甚且提供入浴者茶水，以及咖啡等解渴飲料。日本在明治維新後，接受西方文明洗禮，不論居住或飲食均逐漸移植西方文化，在歐化主義熱切的模仿作祟下，做為日常飲用咖啡的習慣，當然不會排除在外。由於殖產興業政策主導的資本主義發展與產業改革，其中咖啡的種植也因日本農業試驗機關的推動，在九州、四國南方、小笠原群島以及琉球等地都展開了咖啡種植試驗。日本領有臺灣後，也在臺北縣殖產課與臺灣總督府殖產局的主持下，展開有關臺灣咖啡的採集與培育計畫。明治30年9月2日起，《臺灣日日新報》陸續報導臺灣的風土，對臺灣是否合適從事咖啡生產有深入的觀察，並充滿樂觀想法。

日本咖啡屋興起

　　日本因產業革命帶動了經濟發展，加上積極吸收西方文化，隨之也形成新興的休閒階級，咖啡屋因此成為新族群消費的最佳場所之一。明治初年日本本地即有神戶元町「放香堂」專賣咖啡的廣告；1883年（明治16），日本官方開設一迎賓所「鹿鳴館」，以奢華的法式料理宴客，餐後咖啡更不可少，但畢竟是以西洋人士與日本上流社會為對象；1886年（明治19）11月，東京日本橋小網町「洗愁亭」咖啡店開業，以及東京京橋「風月堂」開始發賣咖啡。1893年（明治

▲ 日本可否茶館店主鄭永慶
（引自《珈琲遍歷》）

26）7月，風月堂麻布支店更將輕食飲料如冰淇淋、冰水、紅茶、咖啡、果汁、檸檬水等帶進菜單裡，讓一般婦女都可輕鬆的走進風月堂喫茶室；而最著名的專營咖啡館則是1888年（明治21）在東京下谷區上野西黑門町貳番地開業的「可否茶館」，茶館主人鄭永慶在4月份開幕廣告單上推出一碗壹錢五厘的咖啡，加牛奶則一碗貳錢。可否茶館雖不盡然是日本第一家咖啡店，但卻是第一家為藝文人士量身打造的咖啡店。開業後茶館二樓即規劃為舉辦戲劇、美術、音樂等活動的場地，當時以社交沙龍的構想經營算是首創，包括圖書室、撞球場、宴會場、更衣室、化妝室、浴室等，免費提供圍棋、將棋、外文書、報章雜誌、筆硯、信籤、信封等，企圖網羅文化界人士。可惜喝咖啡並不普遍，距「鹿鳴館」推廣歐化主義不久，茶館赤字營業三、四年後，始終不見起色，僅少數學生與文人雅士消費，最後在高利貸壓力下，終於倒店結束，鄭永慶也遠走美國抑鬱以終。另創業於1895年（明治28）東京銀座以及以西洋料理聞名的「煉瓦屋」，其炸豬排和獨創的蛋包飯等西洋料理，也能獲得文學家的青睞，餐後一杯咖啡更是無可避免的儀式。

臺北城內第一家西洋料理店

明治29年10月4日《臺灣新報》，「商事一班」〈西洋料理店〉一欄登載，有臺北一地衛生軒、明治樓、臺灣樓、三友亭等四家西洋

料理店的收費統計，雖是商務報導，倒也將臺北地區西洋料理店的創業時間，又再往前推進了一步，但證據不只於此，這四家西洋料理店之中，最早創設於臺北的店家，答案總算浮現在日人始政一年後創刊的《臺灣新報》內。

　　明治29年10月3日，西洋料理「衛生軒」刊出廣告。但距廣告見報幾天前，衛生軒店內已舉辦第二回的「玉突大賽」（撞球大賽），此西洋料理店擺設來自西洋的紳士消遣撞球桌，店內特色有獨立包廂及撞球場，仿如高級沙龍俱樂部，也算是早期新潮的主題餐廳，可惜卻在明治30年7月1日後頂讓；明治29年10月25日，東京元祖「初音亭」刊登廣告，不過初音亭為一色情料理酒店，應該是醉翁之意不在咖啡；10月27日，專做西洋會席料理的「御」料理翁姓店主也連刊開業預告，訂下11月1日的開店日期：

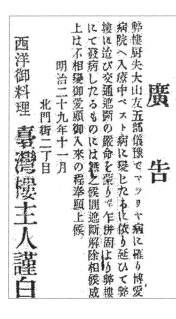

◀▼ 明治29年間（1896），臺灣樓、西洋軒、明治樓各家西洋料理店競相刊登廣告宣傳自家特色。

◎ 地占臺北勝景，樓下濱臨淡水河，遙遙枕靠觀音山，眺望四季之美，秋氣和心，擁月入懷。

◎ 備大小客廳，其數十三，內有四十三疊的大客廳，樹木繁茂，泉水清澈，亦具醉餘之興。舉凡賓客雅遊之便利、上菜之禮、器具之整齊，一切唯紳士之所好。若蒙駕臨，嚐試敝店料理的功夫如何，望不吝給予鑑賞。

◎ 十一月一日正式開業

　　　　　　　　艋舺布捕街十一番戶　翁店主 敬啟

　　而廣告的效益似乎正逐漸發酵，明顯誘使更多料理店投入廣告預算；11月15日，西洋料理「臺灣樓」、臺灣元祖西洋料理「明治樓」同時刊登廣告。因為先前鼠疫與瘧疾的傳染影響餐廳生意，臺灣樓的廚師大山友五部甚至罹患瘧疾，住進博愛醫院，此時臺灣樓的廣告乃強調餐廳無發病之媒介，禁止營業的命令已解除等訊息；明治樓生意雖亦受傳染病影響，但也趁此機會重新裝修餐廳，整頓器具與小心選用食材，宣傳的廣告告知民眾「樓房大修飾，樣貌一變，增加熟練廚師一名，器具清潔，料理最新鮮，時節萬事莫不注意，一切無慮，懇請持續賞光駕臨」，並在廣告中自捧為西洋料理的「臺灣元祖」。說明白一點，就是號稱第一家在臺創設的洋食屋（西洋料理店），但實情是否如此？還可進一步推敲。

　　明治30年11月16日，位在橫町十字館前的明治樓有開業一週年的報導，所以可得知明治樓創設的時間在上廣告前一年──明治29

年11月15日前後；而另一家競爭對手臺灣樓則在明治29年11月27、28、29三天連續刊登開業一週年廣告，更大肆宣傳28日以後三天的來店消費享有週年慶特價，再加上後來明治37年11月29日北門街臺灣樓開業十年祝的新聞報導，臺北臺灣樓的開業時間大抵可確立於明治28年11月28日左右。此外，另一報紙《臺灣日報》有東館在明治30年7月14日刊出廣告，大意是用餐一人份定價一圓，但為給客人有物超所值之感，另外添加兩樣西洋料理。而三友亭則於8月7日強調，店內有熟練的名廚親自主持，食物美味，服務親切熱忱；一富士也在10月1日祭出大特價廣告，一圓的料理（酒類、日本料理、西洋料理）不計人頭、無最低消費，只為懇請來店一試。

如此看來，臺北的西洋料理店依見報廣告前後，領臺初期先有臺灣樓，次為衛生軒，後有御料理、明治樓、東館、三友亭；明治30年9月廣告來到西洋軒（先打出改良式西洋料理招牌，11月9日後轉為主打歐式咖啡茶館）、一富士（明治30年10月1日有改建後的大特價廣告）、鳳山臺灣樓支店（明治30年10月8日支店新開業）、十字屋旅館（明治30年10月15日《臺灣日報》廣告，主打西洋料理與臺灣料理）、愛生館（明治30年10月13日《臺灣日報》廣告，預告14日開店，提供西洋料理客飯便餐），以及隔年1月5日刊登恭賀新年廣告的新中樓；而原本只是總督府文武官娛樂場所的淡水館，1月

▲ 原登瀛書院改為淡水館後，成為日本官兵和市民的休閒俱樂部。

18日也開放給一般市民紳士集會與娛樂使用，館內淡淡亭大約同時開業經營，而隔月23日，亭內也開始加賣適合本地人口味的中餐，以上所見的這些西洋料理餐廳，理應備有餐後提供的咖啡飲料。

而以歐風咖啡茶館形象宣傳的西洋軒，除如前所見明治30年9月份《臺灣新報》的廣告，又見明治30年11月9日《臺灣日報》連續幾天的廣告，文案中如此形容自家特色：

歐風咖啡茶館

西洋料理　　　別上（特等）　一圓

　　　　　　　並上（上等）　七十五錢

　　　　　　　並等（普通）　五十錢

　　　　　　　一品（單點）　十二錢

用餐收費與稍早廣告無異，但供應的飲料則有更為詳細的名目，有咖啡、巧克力、薑汁啤酒等一碗五錢的飲料，其他則有以杯論價的日本酒、葡萄酒、白蘭地等酒類。

交際與情慾流動的飲食空間──料理屋與飲食店巡遊

基隆港是臺灣最主要的入口門戶，隨日軍之後登陸臺灣的日本商人，首選的落腳處便是基隆港區，其發展也相對最早。距始政日不到半年，明治28年12月，臺灣總督府基隆支廳長回報基隆港區的治安執行情況，有關在市街得到營業許可的日本內地商人，數量約有

一百四十餘戶，過半以雜貨商、飲食店為主，而飲食店中尤其以俗稱居酒屋這類的小酒館最多，在店內的消費者大多為車夫與苦力，而且家家生意興隆，顯見開業的料理與飲食店數量已非常可觀。臺北的餐飲業雖沒有基隆那般繁榮，從明治28年底起，也見包括西洋料理在內的店家開設，不過日領初期日人的餐飲店，不論西洋料理、日式料理店或小型飲食店，大多混合了「半娼半藝」兼飲食的類型。店內上演著——小舞臺上藝妓笙歌，席間有著和服陪酒的「酌婦」或著和服、罩上掛肩圍裙的女服務穿梭其間，人客用完西餐酒菜，餐後飲料是一杯摩登、苦甘的黑色飲料——咖啡，邊啜飲咖啡，邊抽上飯後一根菸，至於餐後的情慾活動，那可是後話了。

▲ 市街改正前還未拆除的西門城樓，出了城門，就是以後的橢圓公園和西門町。

　　明治29年1月，艋舺有貸座敷兼料理店「滿花樓」；3月底軍政解除後，在撫臺街有飲食店「常盤」、西門街有料理店「養氣樓」，據載此樓的藝妓小花，是來臺藝妓的第一人；4月在文武街有「醉魚」、艋舺有「初音亭」；5月在新起街有「安樂」、「梅園」等；在艋舺又有「階樂園」、「共樂亭」、「觀看樓」等；府前街有「吾妻」、「筑紫館」、「菊水家」等相繼開業，後來明治32年5月臺北共同檢番事務所開業時就設在筑紫館內。6月特定遊廓設立後，新起街有「花園」、「清觀樓」、「金城亭」、「江瀨亭」、「清涼亭」、「魚金」等新設；7月，臺北警察署有管理貸座敷與料理屋的新規則公布，8月時依規則認可、登記有案的貸座敷32戶、料理屋28軒、藝妓55人、娼妓48人、本島人的料理屋10家、藝妲2人；10月城內有「東館」、「花屋」等料理店開設。

　　是月，「臺北戶數及營業種別調查」施行，針對主要市街調查各行業別的營業狀況，餐飲業的數量與分布情形為：調查之一，大稻埕內的千秋街，無料理屋；六館街一丁目，無料理店；建昌街一丁目，西洋料理業一間、日本料理業6間、飲食店2間；建昌街二丁目，日本料理業3間。調查之二，西門外新起街一、二、三丁目，搭棚之飲

日治初期的臺北城風景，仍可見池塘、林地、稻田等農村景象，中央斜往左上的道路，即今臺北重慶南路。

食店3間、料理店3間、貸座敷（公娼業者）兼料理店14間、貸座敷
一間。調查之三，北門外街，無料理店。12月以後，大稻埕建昌街繼
有料理店「千歲」開業。

　　到了明治31年7月，臺北街市景氣有了一些轉變，代辦業務、
小料理店、雜貨店、搬運業、飲食店等行業日趨式微，反觀西式洗衣
店、日式湯屋、寢具店等則轉為熱門，也難怪有些西洋料理店面臨頂
讓或廉讓的命運。同年年底，日日新報記者寫了則一位性格鬍鬚男由
良之助先生的趣聞，此美髯先生戴一副金邊眼鏡，平時「各式各樣的
交際不斷，有時還口誅筆伐，議論時務，有時甚至讓藝妓心驚膽跳」。
話說由良之助與一紳士約好晚餐，但時間與地點都沒放在心上，等到
肚子餓了就從一家一家的西洋料理店找人，結果人沒找到，自己卻餓
昏在派出所旁邊。而當時幾間叫得出名稱的西洋料理店就有臺灣樓、
明治樓、衛生軒、玉山亭、三友亭、開進亭等。

　　明治33年2月起，《臺灣商報》以「料理屋巡遊」為報導主題，
針對北臺灣地區具特色的料理屋作一全面性介紹，等於是一份料理店
的用餐消費指南。其意義不只如此，短短幾年間，料理屋不單是報紙
上僅見寥寥幾字的店名或店家數的統計而已，記者在明查暗訪下，舉

凡飲食類型、內外格局和風格特色等，有時毒舌、有時稱讚，或繁或
簡的介紹，也讓人見識到明治時期最完整的和洋料理屋印象：

◎ 花月

從外邊三樓眺望，熱鬧如織，可俯瞰市街；若由裡面二樓遠眺，則
自渺茫的獅頭山山麓，到一整面平野，都可盡收眼底。只見其開闊寬敞，
官衙、廠舍散見，風景可謂極美，從視野的廣漠無垠，到料理的美味，在
在都值得褒獎。物換星移，近來面貌大幅改變，軍人和顧客由於某種緣故
多了起來。蓋其位置與建築之華美勇冠臺北，在城內則人稱所謂吾妻料理
屋。一位二十六七歲紮束著長髮的能幹妻子，如此欺壓丈夫，確實有些丟
臉。

◎ 丸政

專門廉價，以五十錢的宴會料理轟動一時，後來沉寂了好一陣子，
近來有了改變，由於廚師和女服務員的努力，人氣又再度恢復，而且意外
看到好客人一聲不響的出現。房間和以前一樣沒變，可以入內享用料理，
此外送外賣的流行，蓋亦肇因於此。試以蔬菜作比喻，如劍那般長的秋茄
子，滿滿仲夏的風味，盛在朱紅碗中，雅趣十足。

◎ 筑紫館

近來內部增建了二個舖著榻榻米的房間，突然顯露頭角，熱鬧僅次於
花月，再加上老闆實在有豪俠氣概，其料理菜色最多。比起花月、丸政一
點也不遜色，甚至略勝一籌。雖然有時會特別下功夫去驚嚇初來乍到的客
人，扮演角力的力士，說起俏皮話。

◎ 鶴の家

非但舖榻榻米的房間稱得上漂亮，而且料理也相當好吃。女主人市鶴鍛鍊有素，對誰都是一副笑容可掬的模樣，所以客人很多。店的外觀非常適合掛個方形紙罩座燈，上面寫著「賣茶」。女服務員大概僅是一些單打獨鬥的殘黨餘類，眼下都被農村出身的女人所取代，然而做為市鶴的屬下，農村出身的女服務員，總覺得要留住客人多少有些不便。而且縱然有懂得風流的人，實際上也是要祕密進行，畢竟這段旅程就如同走在無風流興致的赴京大道上。

◎ 百花園

遠離艋舺的紅塵四五町，所謂鬧市也有幽靜處，那就是百花園。前有泉水，俗中有雅，雅中含俗。十二英吋的舖榻榻米房間有四間，從軍政時代就有階樂園的修繕，去年新建兩間舖蓆的房間，隔著庭園有座茶亭，四季花草的培養，正是此百花園名稱之由來。碳酸鈣的溫泉，與青山醫學士的配藥有關。浴室頗為乾淨，料理又不差，炸到天青色的小碟銀杏，會喝酒的、不會喝酒的人都錯過了。無論如何，若是成了斷絕熱鬧的小鄉間，身心總會隨之安頓，精神亦為之愉悅。先前階樂園的時候，以火把招引客人，但近來採用帶有弓形把的手提燈籠，卻稍稍失去些許的雅味，而使用風雨夜的人力車，邊坐邊搖，則饒富趣味。

◎ 武藏屋

若是要去所謂的茶館吃頓飯，首先就要到北門街的武藏屋。進去一點都不必傷腦筋（所謂傷腦筋就是不風雅透頂），價格低廉是第一個最吸引人的地方。外二樓十六個榻榻米，以一片屏風隔開；內二樓二十七個榻榻

米，以兩片屏風作分隔。模擬東京鬥雞屋的樣式，無論紳士或穿法衣者，都要以一塊類似領脫下鞋子的號碼牌決定其席位。替代茶點的鹹菜，盛放於未上漆的白木托盤上，連最簡陋的火爐品味，也不容鄙視。以前是將蒲燒盛置在盤子上，近來也有改為水蒸疊層方木盒，這樣一來，便大有體面，與置放其他器物上菜餚完全不一樣。真正新的東西，只有琉球來的有蓋飯桶而已。值得吟味的是，盛放結帳單的盒子裡，總會添加二根牙籤，為了觀賞景物而不拿出剩餘的些許小錢，是很可笑的，就如同煮泥鰍的泥鰍魚鍋，另外再添加鬥雞和白蔥一樣。

◎ 麥とろ（麥與爐）

「歡迎光臨！」愉悅的迎接著客人；「請慢走！」愉悅的送著客人；這是道地的江戶人。「都」的老闆兼「麥與爐」的廚師，成為一大特色。舖榻榻米的小房間三間，操內地語言的小伙計和出身農村的下女，過來詢問點菜，她們端餐盤的姿態稱不上優雅好看，但大致配合得還算不錯。臺北的料理屋中真正好的，非吾妻，也非清涼館，這個都市多的是捻蝨子，罵英雄，口嚼炒豆，論古評今之徒。臺灣鈔票一張放在懷裡，就要醉飲、大吃特吃一番，應該只有這一家了。飽餐一頓山珍海味的美食，且又物超所值，僅此一家。

◎ 八洲庵

在臺灣也有如此的生蕎麥，蕎麥麵舖有如此的客廳。更足以誇耀的是，八洲庵的麵粉是從四國的米澤町寄過來的；醬油是由山十交易來的；調味用的乾松魚是選自土佐的上等貨；海苔則以小包每每由船送達，絕對新鮮。僅兩根筷子還要少的蕎麥也要八錢價格，絕對不便宜，近來發明蕎

麥壽司，適合作佐酒的菜餚，做為木片飯盒送禮亦有雅趣。

◎ 大芳

「大芳」由左至右的立在一塊天然木的招牌上，既非所謂的灑落風，也不是所謂的西洋風，而是由於雕刻師的狂妄，主人曾經加以指責，但卻未予以更換。建蓋榻榻米房間的時候，稍有疏忽，以致間數未能多過勁敵鬥雞屋，然而顧客仍未減少，誠大芳之幸也。女僕將要送的東西送過去後，一點也沒有在客人的座位上停留，這是長久以來的習慣，反而顯得安逸自在。有時偶爾會看到藝妓早上回家，那是屬於一間榻榻米房間的祕密。

◎ 臺灣樓

三五百人的宴會，須在前一天預約。最近突然調整，成為西洋料理臺灣樓，常備的服務員六人，預備的服務員有八人，而且還規定有應非常召集的人手，器具一切整理得不見些許的缺點，應可謂臺北唯一。圓山的分店環境優雅，有沐浴場。北門街的本店清潔而簡便，麵包與點心放置在隔壁分店，隨時補充新鮮的，醬汁製作遵循傳統的法則，深獲紳士的由衷喜愛，所謂「此處的料理，真不是別處模仿得來的」，對刀工十分自負，肉、菜等其他料理亦少有人可比。

◎ 衛生軒

以往是以洋人的嗜好為訴求，但由於受到四面八方的要求，認為不加以改良就會退步。然餐館忍耐度小寒，因為有撞球檯，所以客人尚未減少，只是近來總覺得萎靡許多。

◎ 明治樓

老闆如果施展才能，忽然變成廚師，大搞他的創意料理；老闆如果徹夜玩紙牌，是忘了本業嗎？料理就要死了，唯一的希望是老闆要加強學習，不太寬廣的二樓也要好好配合，並不只是所有裝飾跟著臺灣樓，或學淡水館設酒保，這一切都必須再加把勁才行。

◎ 玉山亭

其位置面向總督府，便當的午餐生意興隆。其刀工連明治樓都得退讓數步，唯老闆以一味正直的作風，以往的顧客從未流失。

◎ 基隆日本亭

入口玄關外栽種著花草樹木，建構出山泉水的形式、舖石的配置等，即使帶到臺北來，也有傲人的價值。樓下榻榻米房間四間與二樓四間，既不幽雅，也非俗氣，只是精心建築，讓雨後的翠色洋溢四方，可遠望白雲搖曳而山峰迷濛的基隆島風景。如同淡水的富士見亭，大者孕育萬

▲ 大正11年，基隆日本亭富勇藝妓。

斛帆船，甚或翻弄如怒濤一葉之舟，眺望遙遠的海上，比起清涼館、小島屋要來得有看頭，唯不似其風景之多變幻。料理極簡單，無奇特之變化，油膩之處類似清涼館，至於其器具則稍劣。首先小菜方面，銀杏加上乾炸糖衣，從百花園起就是不會喝酒的人接受度高，而能喝酒的人接受度差。碟盤、大海碗、洗杯器、酒壺之類，清一色都是錫製品，這一點相當整齊，自然也談不上幽雅。往

昔在東海道的大本營等地投宿的話，就會有這樣的菜單，十四位培養的紅裙釵中有漂亮的。火盆裡用的是櫻花木炭，地板上放置著內地花朵的插花，糕餅放在盆裡，成堆的糕餅擺在佛堂前，有一種冠上字詞的感覺，若是將之譬喻為櫻花，則複瓣櫻花的芬芳深厚，單瓣櫻花散落，如同殘月掛樹梢般的孤寂。

◎ 依姬亭

　　基隆是臺灣的咽喉，從內地來的人必駐足；要回內地者又必駐足。港口內軍艦下錨，士兵離船上岸，飯館亦為數不少，而日本亭與依姬館是當中最有名的。依姬館位於義重橋畔，從誘人的歌舞伎大門玄關向左彎，寬敞的房間有兩間，連續不斷有四十八個榻榻米，正所謂醉裡乾坤大之類。

▲ 富有西洋情調的基隆港市區，也是日人領臺後最早有料理店的地區之一。圖中有高塔的建築即基隆郵便局。

正面搭有二樓，一共四間房間，黑色牆壁閃爍著砂金的光輝，欄杆上吊著宮島形的燈籠，房間布置為「水果美」與「含雪」兩類主題。高舉的蠟燭火光映照著石板，玄關的插花擺設，一間一間煞費心思。在臺北的各料理屋，一定是插三才（按：天地人）花，根本是望塵莫及。所謂廚師的分內之事，就是大小房間全都不露一根鐵釘，並且打著依姬亭的名號，宣稱一律不二價。外二樓五間房間，二間充當藝妓的房間，十五座如魚鱗的鏡臺並排，宛然是演員的大房間。現在還記得鏡臺的主人分別是君、久米、政吉、玉之助、新蝶、長吉、奴、小春、君子、兼子、成駒、大六、勇吉、千代、九八等十五人一組。而且君和久米以美貌著稱，新蝶、長吉、大六以老練出名。料理全都偏味濃油膩，成了琉球的宴席膳，近來模仿日本亭，一律用錫器，女招待四人經常站著工作，對於客人不免有些鄙俗。若將依姬亭套用日蓮宗的宗旨，則當知其來有自。

◎ あさひ（朝日）

如果在日本內地，就會釘上什麼某寓的門牌，往裡面開門進去，門口種植楓樹一棵，左手方有玄關。從裡頭傳來「我為您帶路」的聲音，上了舖有磚塊打掃過的庭園，一個紫丁花叢縈成朝日字樣替代了招牌。走過一條四足半寬的通道，左方兩間六張榻榻米的房間，右手邊有兩間，地板上安置有清蛾女史的五言絕句，是女主人妹妹的筆跡。浴室在左，廁所在右，其構造即使說不上華麗，也稱得上雅趣。登上九個階梯，有稍寬和稍窄的房間各兩間，地板下有小壁櫥供置物，一切顯得不俗。布覆蓋著的是理髮間，上面飾以圍棋盤和宣紙、硯臺，饒富趣味。通過席位，首先有烘爐正烘出川柳（按：一種低級的日本茶葉）和柿餅，這是搬移東京的酒館而獲得的，令人高興，也可說有些淺薄。料理任憑客人主意，加上女主人

的奉承話，讓人無憂無慮，就如同在自家一樣的感覺。廚師飯島的高徒吉田與為公相互較勁，使朝日更添光芒。這是臺灣目前為止，不只講求烹調手藝，而且還注重女招待員學習的料理屋，不愧是昔日清涼館的女主人，一切處理得可說是井然有序。只是酒館的名稱總覺得很難讓人進來，所謂不知道酒館性質的人，這樣的人根本不足以與之談論，譬如茶，只要色澤佳、有香氣，就是皋月（按：五月）左右的新茶。

◎ 琴水

　　向來臺北的料理屋都是在構造上競相講求精美，雅趣就稀少了。如宏大的小島屋、瀟灑的清涼館，除去瀕臨天然風景稻江的一間，可觀賞美景卻沒有舖設榻榻米的房間，如麗潔的吾妻、修飾一新的一力，根本談不上雅意。獨獨只有琴水兩者兼具，在構造上有「樂」與「愛知館」的痕跡，以及玉川的改建。建造了板窗、高牆，若開門進入，則有玄關，走過走廊，向右轉，兩間房間之間有二樓，隔著中庭，有稍寬敞的房間兩間，若大敞大開的話，應該適合做宴會席。下了階梯，面對庭園，庭園中有個大水池，上面架以圓木橋，如果走上去，就會有假山，樹木繁茂，飛泉噴濺，蓋琴水之名，或許因之而來吧？越過假山，有一風雅小室，而且旁邊的水池上有座水亭，酒足飯飽之餘，可供垂釣。繞行水池，順著寬寬的廊子，更可以渡過橋，來到一間雅致的房間。後門在清正公前面，走過土橋，有大和葺（按：日本傳統建築屋頂或瓦或厚木板上下交疊舖設之一種建築工法）的中門，此中門乃安田善次郎仿照別墅的門而來。地坪三百五十餘，建物一百十坪，客廳有十一間，只是尚未營業，料理好壞、器具、款待如何皆無從評論。

◎ 淡水富士見亭

入口有點像西門街的魚金，通過烹調場，通過廚房，登上階梯，有五間的榻榻米房間。面向河川的一間，有點像料理屋，什麼都做。其他都鑲起天花板、土牆壁，更加讓人想起軍政解除當時，臺北新起街房屋櫛比，彷彿半娼半藝屋，而且料理又不值得一說，但到底是在海岸，只使用鮮魚，這一點倒是令人高興。在淡水若除去這家富士見亭，就沒有值得去的料理屋了。稅關人員或船員為了打發無聊，生意非常興隆。水面平靜無波，大屯山的一角黑黑的突出，觀音山如肩膀瘤般的隆起，從樓上望過去的話，像「寶永不二」，因而有富士見樓之名。後來改為富士見亭，內有藝妓八人，多半是臺北剩下的，沒什麼本領，衣裳拙劣，勉強出面引導我這位鄉下老翁，饗以釀酒，頂多暗地裡煮甘藷或烘焙乾魚。

◎ 鳥よし（鳥吉）　西門外街

鳥吉是大芳的女老闆另外再開的，是一家賣大阪風燒烤與雞肉的專門店。登上白粗杉的階梯，右方是一間六個榻榻米的房間，左方有一間九個榻榻米的房間。牆壁貼著一張畫有卍字的高級紙張，在一張像砧板的桌子上放個小爐子，織有瓜葉花樣的蓆布團墊，正好與此二樓相稱。不過，女招待員衣服的汗臭，因夏天之故，只有忍耐了。

◎ みどり（綠）　北門街

如紅底凸顯一個「雞」字的煤油燈冰屋，全部都講求高級，只求一種顧客接受，極為相稱且生意繁忙。茶點、酒菜走的是東京風，真令人高興，但女招待員深灰色的脖子，施上白香粉，感覺怪怪的。雞肉比起武藏屋並不拙劣，對於吃飯也要侍者伺候，則周到過度，反而令人害羞。明明

不要酒，竟也礙於情面點叫了一瓶，這樣就會產生弊端。榻榻米房間四間，相當漂亮。

◎ さつき（五月）　淡水新店街

　　綠波洗岸驚鶴，白雲水映山倒瀾。此風景在何處呢？淡水新店街的料理亭五月就是；水色山色照窗，漁歌帆影入座來。此眺望在何處呢？淡水新店街的料理亭五月就是。五月有三十塊榻榻米的大房間，順著走廊向外走，有可供欣賞風景的客廳五間。器具悉數承繼原琴水所使用的，藝妓有梅八（原小石）、蔦（原勇吉）、歌吉、新駒、朝子等五人。女招待員有四人，原本都是這方面的能手。樓上可觀賞觀音山之月，樓下梅櫻綻放、楊柳低垂，事實上它是淡水唯一的酒樓，其老闆是誰呢？曾經在臺北花柳

▲ 山、海、河風景優美的淡水河港，淡水夕照美景歷來多為文人與畫家所歌詠捕捉。

界興波作浪的佐藤某，就是其女老闆。她原是臺北西檢所的小勇，後來改名瀧川。

◎ 濤　撫臺街

樹立在北門轉角的玻璃燈上，以粗筆的黑墨字寫一個「濤」，看得清清楚楚，其體裁已足以替代營業澡堂的招牌。從小巷進入，面對真正的入口，立刻對這樣的位置感到理所當然。心想要擠進去嗎？隱蔽打開了，有樓梯，登上十一階，隔著走廊，有二間八塊榻榻米的客廳。一間可俯瞰小徑，一間可看到附近房屋的屋頂，其眺望則是無窮無盡。除去女老闆阿墨的接待方法，這家店給人感覺並沒有那麼苦悶，反而覺得安逸舒坦。原本常有顧客上門，近來在不景氣的風吹襲下，兩間八塊榻榻米的客廳也加以隔間，供男女祕密談情已不再是新奇事。地板上不知誰的手筆，有個福祿壽的「福」，那是濤在開業之際，某人所贈之物。料理是阿墨的丈夫以自家的菜刀，自己充當廚師，兩位老闆加上一個無所不包的男工，就要做為整個家族五個人的後盾。府後街有吾妻，房租要五十多圓，這樣「濤」如果還不賺錢，則其過應在阿墨身上。

女招待員群像

臺北知名料理屋經介紹後，對於店內最為重要的女招待服務員，因為直接招呼顧客，對於服務品質影響極大，攸關生意好壞，記者不免一一褒貶優劣，於是針對各家料理屋的女招待員，有以下冷嘲熱諷似的評語：

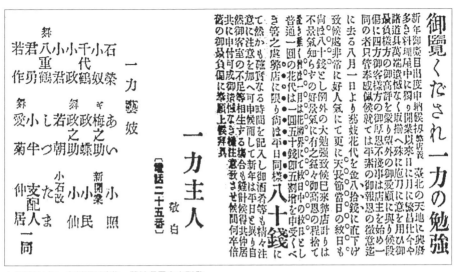

▲ 明治34年一力料理屋廣告，藝妓名冊大方刊登。

　　吾妻的「某樹代」（按：記者不直接指名道姓，乃委婉以另一個某某人作評論，而「某」之後冠上的同名，實際上就是暗指那個被評論的女招待）不會說虛偽的奉承話、有重量但毫無機靈可言；「某里」雖說機靈卻也喜怒無常；「某吉」口才好但品格差；「某樂」、「某玉」兩人向右、向左，甚至左右向，完全照客人的命令，根本沒有斟酌取決的能力。吾妻所有的女招待員，在女老闆「某辰」的陰影下，一個指令一個動作的被操縱著，如果將她們帶到別處去，恐怕無法希望她們能像在吾妻那般的工作。

　　推出花月的「某梅」，好是好，但也沒那麼有本事；「某君」很覥腆，一旦鬧脾氣，這傢伙肯定不吃飯；「某雪」是一位重婚的女老闆，著實有難以形容的怪異。朝日的「某園」溫順卻無才幹；「某梅」雖然性急，但仍有其長處；「某雪」尚待觀察。以下者則更需要女老闆的訓練。在女老

閣的重重黑幕內穿針引線，有時自己的才能無從伸展，自是常有之事。

　　「某穗」倒是不討人厭，是個品行好又老實的人；琴水的「某吉」在清涼館時，懷才不遇，讓客人頗為訝異；「某豐」不好也不壞；「某愛」現在正準備身兼女招待員與藝者，有時表演單口相聲，但不怎麼有趣。菊石的「某夕」從在相生的時候起，即有顯著的才幹，這是在艋舺開炸蝦店接觸辛辣風所致。小島屋的「某花」像女招待員，就做個女招待員，機靈、放得開，稍好一些，在「某神」小姐（小島屋不稱女老闆）的指導下「假以時日，絕對是吃乾飯的」；「某友」有令人敬愛且不討人厭的特質；「某菊」在該店屬於進步黨，心情一不好，便會愁雲密布，部分紳士早就列名在她的清單下，因此有所謂「某菊一派之徒」的名稱；「某夕」身材矮，也沒有器量。最近清涼館的「某米」改住到小島屋，鍛鍊技能，頗有獨當一面的架式；「某照」像七福神，自從曾回到日本內地後，現在福態感少了很多。

料理屋之今日昨日

　　明治34年6月，大型奢華的料理屋由盛而衰，進入慘澹經營期，相繼有「小島屋」、「朝日」、「筑紫館」、「花月」收店停業。雖然有「塚之家」接替「小島屋」開業；「松之江」接手「筑紫館」，但客人不多，皆被看衰。其他如「吾妻」、「日本亭」、「琴水」、「一力」等店家，則努力以廉價的消費或虧本的經營支撐著，最主要的原因應是小菜館和私娼興盛起來，客群的消長所致。或也因此，更助長料理屋朝向色情行業靠攏。

　　大正3年底，臺北檢番管轄下的將近二十家料理屋，超過三分之

◀ 梅屋敷宴客用的大房間

二都是不折不扣的「肉慾料理屋」，被點名的如：梅屋敷、日本亭、花家、一力、菊屋、魚金、竹迺家、津田、丸新、常盤花壇、湖月、金勢、都、瓢亭等店。往往過了半夜十二點，店內就會飄出廉價的香粉味。可以說在料理行業能夠生存下來的料理屋，已脫離不了酒醉財色。

西門外竹圍內

　　日人在臺幾年後，西門外的日人戶口增多，街況興榮了起來，有必要將西門外護城河、窪地、墓地、田圃、竹藪的街道重新規劃一番。明治32年5月，臺北辦務署詳細記明西門外一團之地及新起街前後一帶新劃街町名稱。從西門外新起街日本銀行宿舍前之橋為界，透通竹圍內一團及此外之道路至舊市場町入口等，改為西門外街一丁目，可知西洋軒所在地也被歸入此區。城內市民出了西城門，過橋後

▲ 1930年代西門外橢圓公園一景，左上方建築即新世界館映畫館。

有一叉路口，往左維持新起街方向通艋舺，往右方面即西門外街，平行原來的城牆而走。從明治30年至明治34年的地圖演義中，沒幾年光景，西門外建設擴張開來，西門牆垣也拆毀了。

日人統治最初十年的艋舺花柳界

　　明治38年，日人統治十年後，有尋芳客特爲艋舺一地的花柳界變遷作一總回顧，從日盛一日到金粉四散，加上艋舺港口的淤積沒落，可謂最詳盡的見證。此時期也是懷有唱彈技藝、大小戲班女優藝姐競出爭奇鬥艷的時期，算是艋舺花柳界景氣最好的時候，彼時揚名的大班女伶有小旦林罔市、小生李阿笑、老生阿杭，以及阿燕爲淨角、小嬌爲武旦、阿好爲苦旦；小班碧霞苑繼起後，有武生余阿花、小旦駱

阿目、小生翠娥、肉螺爲淨角、小查某作末角，皆能歌善舞。其他諸
如寶玉、小番婆、楊雲嬌、廖阿尾、周匏仔、小燕、寶蓮、碧蓮、金
治等也都能登場唱作。以後有些女優或嫁作人婦，或流落他鄉，僅剩
余阿花爲艋津花柳界的翹楚。

　　不過初出江湖的新人亦不少，有頂新街翻娜、好阿、烏阿、寶
仙；歡慈市有清琴、寶珠；龍山寺後有阿桂；新店有月嬌；後街有阿
里；栗倉口有小岡市；小宮巷有玉葉；水仙宮口有阿簡；其他還有蓮
花池阿御、凹肚仔玉雲等，都是新一輩的藝妲，其中尤以阿斗最擅歌
曲，其歌喉被形容猶如〈琵琶曲〉中「大珠小珠落玉盤」。但記者仍
感嘆，過去的藝妲前輩在酒樓內多不可尋，而新人又未解風情，「殊
甚遺憾也」。臺北的老牌名藝妲不可尋，除了嫁作人婦外，主要原因
仍在鐵道通行後部分藝妲流落南部有關，臺南市的醉仙樓和寶美樓即
可見芳蹤。

▲ 1930年代大稻埕遊廓，今歸綏街一帶。

春色無邊的料理店和飲食店

　　日人統治十年後，臺灣本島的料理店與飲食店內，女侍的服務內容依然糾葛不清。明治38年7、8月間即有消息指出，屏東阿猴街西洋料理店吉野軒老闆娘中原富美，先違反每週一次的公醫檢查花柳病的規則，更在某夜與尋歡客巫山雲雨之際，被巡查警官當場「人贓俱獲」，老闆娘亦因此被留置警察局十日。可見日治前期的西洋料理店內可說無限春色。

　　又同年，臺南街市料理酒樓四處興立，有醉仙樓、寶美樓、水仙樓、坐花樓、小樂天、雙和樓等，縱貫鐵道開通後，也流行起設在二樓的「五錢樓」飲食店，時有童謠盛傳著「五錢上樓頂，角半叫藝妲」，即點出了常民酒樓飲食的風氣。由於鐵道的便利，臺南的遊客增加，加上明治40年臺南市的風化區又遷往新町，本島人的酒樓與貸座敷一時增為三十一家，其中藝娼妓、藝妲有半數來自臺北稻江與艋舺，以最有名的醉仙樓和寶美樓為例，遠從臺北聘邀的藝妲皆色藝雙全，有艋舺的金發、阿好、來於、月嬌、罔市、阿玉等人；大稻埕如寶秀、寶珠、益治、益妹等人。

另類咖啡產品

舶來咖啡糖

　　日本領臺初期咖啡尚不普及之時，最早渡臺與官府關係良好或軍方的御用商紳，看準日用品雜貨消費市場，已經將生意的觸角延伸至臺灣，如臺陽商行、富士商會、岩谷商會、東洋合資會社、仲尾商行、盛進商行、大久保商會等。始政一年後，日文報紙在臺創刊，有些早期來臺的雜貨商或批發、零售商也利用媒體的宣傳管道開始刊登廣告，其中明治30年1月17日，盛進商行從日本進口的新到貨廣告寫著：

秀品玉露鳳歌　其他各種發酵茗茶
風流新形茶器燒水壺
正真便利珈琲糖
新形手提袋、皮包
長靴雨靴大和靴
各種名貴罐頭
其他雜貨

▲ 盛進商行新進口的商品，其中就有沖泡便利的咖啡糖。明治38年11月21日廣告。

　　喝咖啡的人口雖還不成氣候，但較特別的是，盛進商行已經率先進貨賣起了咖啡糖，在軍人、軍伕禁止吸食鴉片後，供予軍政兵員另一種便於攜帶，又可提神醒腦的口含糖果。

日本產咖啡糖

　　據說，「咖啡糖」的新產品，在日本當地早於1880年（明治13）已開始販賣。但是咖啡糖的實際形狀和裡面添加的東西，有人說像「食指和大拇指的指尖合成圈圈那樣，是一個圓圓的白砂糖固體物，一旦放入熱水中攪拌，便會變成一杯咖啡」，有人說是「一種在方糖內放進咖啡粉末的東西，吃的時候會有粉末留在口中」，有人更說裡面的東西「固然一律號稱咖啡，實際上是燒焦的豆子」。說法雖然南轅北轍，或許「咖啡糖」也有真有假，但卻一致是明治時期一般日人對咖啡滋味與香氣最難忘的童年回憶。

　　明治30年左右，日本淺草和銀座有著所謂「新聞、官報綜覽所」、賣牛奶的小吃店或啤酒館之類的店，通稱為「ミルク・ホール」（奶食店），學生和口袋沒什麼錢的受薪階級，在那裡閱讀報紙或官報，喝咖啡、

▲ 寶香齋商行廣告，小孩腳底下所踩的即咖啡糖包裝箱。

牛奶或咖啡牛奶，吃甜甜圈、土司麵包。價格是咖啡三錢，小杯（啤酒杯）的咖啡牛奶一杯三錢，甜甜圈二個一盤三錢。雖說是冠上「ミルク（牛奶）」兩字的飲食店，若是直接點喝牛奶有可能會被恥笑，所以想喝牛奶的人也只好點上一杯咖啡牛奶。據說在五坪到十坪的小店中，咖啡每天可賣出一百杯，當時的女服務員，總是穿著有印花的烹飪服，是標準的註冊商標。後來這種小吃店也開始販賣咖啡糖，有人形容那種糖果是「粗方糖內加入咖啡的粉末。一注入熱開水，稍微甜甜的，很快咖啡香氣就上來了」。

▲ 盛進商行廣告

咖啡糖讓一般庶民可很方便的泡出一杯咖啡，有助於咖啡的普遍化，甚至啓發了即溶咖啡的發明。

明治34年，日裔美國人加藤三多利，首先在紐約州巴布羅舉辦的博覽會上展出即溶咖啡，可惜沒有受到重視。五年後，美國人喬治・華盛頓申請專利，成爲正式的發明者。不過，早期發明的即溶咖啡，與咖啡糖頗爲相似，只不過是即溶咖啡的雛形。後來，僅僅注入熱開水即能再現咖啡原有的風味，則是雀巢公司在1937年（昭和12）開發、隔年正式販賣的「雀巢咖啡」產品，但它進入日本已是二次大戰後的事情。而日本產的即溶咖啡，則大約從昭和28年左右開始上市。即溶咖啡以簡便、經濟的方式進入家庭，讓一般家庭主婦也能品嚐到喫茶店才能喝到的咖啡，也因此加速帶動咖啡在日本的普及。

不僅如此，奶食店能夠販賣低價的三錢咖啡，或者在當時店內主力是餐點或酒的喫茶店、酒館、西洋料理店、西洋點心店等兼賣咖啡的店，大都得力於一種名叫「咖啡安」（Commercial Coffee Urns）的咖啡浸出濾過器，這種商用大型咖啡壺，可以快速濾泡咖啡，壺身還有一到五個不等的水龍頭。可以便利營業以及大量製出咖啡飲料的機器被使用後，也刺激帶動了咖啡飲料市場，形成激烈競爭。於是，有些供應咖啡的店為了尋求差異化，也逐漸走向「本格的」咖啡專門店的經營，這也是後來以一杯咖啡五錢為主餐、「純喫茶」的咖啡店出現的自然發展。

▲ 稱為「咖啡安」的濾泡咖啡壺，廣泛使用於1930年代東西方的商業咖啡市場。

配茶好滋味 —— 咖啡菓子甜點

咖啡糖進入臺灣市場以後，另一家店主為三好德三郎、專做茶業批發與零售的商店辻利茶舖，除茶葉販賣廣告，明治38年11月19日也登出了茶點心的特別廣告：

適合作為滋養飲料的點心　湯之花

有綠茶口味、咖啡口味、檸檬口味

這些產品為日本製造　商店特約代理第一手在臺販賣

本日開始在店內販售　買多買少不拘　　　　　敬請惠顧

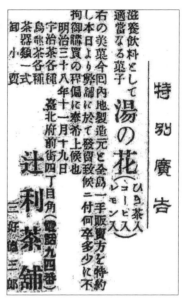

▶ 滋養飲料點心湯之花特別廣告，其中有咖啡口味入湯。明治38年11月19日。

　　「湯之花」菓子甜點有三種口味，其中竟也把咖啡摻入茶食，味道創新，自成一格，跳脫了咖啡糖的既定印象。大正3年3月，日本老字號餅舖末廣屋在臺販賣一種氣味淡泊的「ラヂユーム（拉柔霧）」煎餅，其餅舖樓上即備有咖啡、粉汁（年糕紅豆湯之類的甜點），購買餅類的顧客，不論多寡皆可無限暢飲。而以烏龍茶揚名的臺灣本島，以茶入糖的新糖果，廣告時間上卻晚了十年，大正5年4月16日「臺灣勸業博覽會」舉辦期間，丸山吳服店（布莊）在第二會場的販賣店即有此項名產出售：

臺灣名產新菓
　　烏龍茶糖　紅茶糖　御贈答用之適品

咖啡與茶的對話與競爭

第一回臺北縣物產評品會

明治34年10月21日開始起十天，臺北縣假東門外農事試驗場舉行「第一回臺北縣物產品評會」，縣內首次開辦物產評鑑會，算是對地方全面性的物產調查總成績的展示會。除了一些參考品外，陳列品評的總數量達到4,499件，包括米、小麥、豆類、蕃薯、落花生、胡麻、茶、麻、煙草、砂糖、藍（大菁、小菁）、繭、蔬果、水產、織物、生絲、筵席、紙、油（花生油、胡麻油）、木竹工藝、陶器土器、磚瓦等。

典禮結束後並由擔任品評會審查長、時任臺北縣農商課長橫山壯次郎技師發表〈審查薦告文〉，選出優等者893名。其中五等賞125名，冷水坑庄游其源子嗣、居深坑文山堡新店街的游世清以糯米獲獎，但游家知名的烏龍茶或新興咖啡品項似乎在活動中缺席了。冷水坑庄游其源、游其祥兄弟家族素以植茶聞名，另方面游家的咖啡園又處於試驗培育階段，可惜游家最拿手的烏龍茶或新興咖啡皆不在獲選名單中。時間回到幾年前明治30年10月之際，有馬良橘侍從武官視察臺灣，並採集許多物產參考品將回日本時，臺北縣殖產課長大庭永成為蒐集咖啡樹，實際走訪了擺接堡冷水坑庄游其源的咖啡園，親眼見到園內的咖啡樹發育得非常好，而且咖啡味道甚濃極佳，於是討採了咖啡樹，加入參考品名單中。但隔年一月，臺北縣知事橋口藏文與記者談到冷水坑的咖啡園時，卻直言由於栽培者不懂咖啡生長環境特

性，竟在園中並植許多相思樹，成為咖啡的遮蔭樹，反而阻礙了咖啡的成熟。可知當時游氏兄弟對咖啡栽培技術仍一知半解。

不過擔任審查長的橫山氏，後來也曾因颱風摧毀圓山苗圃，而再次回到游家咖啡園採集種苗，並將兩百棵苗木寄贈隔年明治35年4月成立的恆春熱帶殖育場田代安定場長，也算是一次歷史際會了。

此外，在品評會期間，會場內唯一獲得舉辦單位許可的一家飲食茶店，即二明館老店新妝的西洋料理店玉山亭，現場供應甜點、麵包、壽司、啤酒等和洋混搭餐飲，既是東西方料理融匯，茶飲與咖啡應不缺席。這次為時十天的會期，雖只是地方性的物產評鑑，相信也替爾後在明治41年年底開辦的「臺北物產共進會」打下了深厚的基礎。

▲ 明治40年東京博覽會臺灣館外貌

鼓吹茶葉振興，設立喫茶店

　　明治36年日本國內開辦「第五回內國勸業博覽會」，臺灣總督府以「臺灣館」參展後，臺灣物產普遍博得好評，其中尤以烏龍茶為最，藉此契機，總督府殖產局乃順勢在明治38年底，委託東京市京橋區竹川町中澤安五郎氏開設臺灣烏龍茶喫茶店，店內雖以臺灣茶為特色，但仍供應咖啡飲料。這家開在銀座八丁目的「烏龍亭」喫茶店，以品茗為主的臺式喫茶店飄洋過海打拚去，也受到當地「官吏、學生、銀行、會社員、西洋人、清國人等」之喜愛與讚譽，反而讓喫茶店有了不一樣的風情。此外，挪用博覽會臺灣喫茶店成功經驗，頭一遭在喫茶店內有女侍服務的創舉，也改變了日本喫茶店的命名定義，安藤更生的《銀座細見》所言，這家臺灣喫茶店據說是最早設置女侍

▲ 明治43年（1910）名古屋共進會博得好評的臺灣館喫茶店，中立者為女服務員。

▲明治43年（1910）名古屋共進會臺灣館

的店。因爲早期喫茶店的侍者原本皆爲男性，由於烏龍亭有女侍的加入，也因此改變職場形態，致使「喫茶店」與「咖啡屋」的稱呼也因此逐漸分道揚鑣。以後，有女服務員的喫茶店被歸類爲「カフェー」（咖啡屋），沒有女服務員的則稱爲「喫茶店」。可以說，這家臺灣喫茶店的出現，也間接促使了日本以員工性別來區分喫茶店與「カフェー」命名的濫觴。後來所謂「純喫茶」新稱呼的使用，指的也就是沒有女服務員、沒有提供酒或用餐之類的菜單，只能點用茶、咖啡、果汁與麵包、蛋糕、甜點等茶點的店，也算是「專門咖啡店」最早的雛形。而另外カフェー空間則是有穿著圍裙的女給服務，提供西洋料理、洋酒、啤酒，並帶有情慾消費的空間。不過在臺灣流行後，分際則較爲模糊，服務員大抵仍多爲女性，而主要則在有無酒精飲料的區分。

喫茶店與菓子甜點店在臺灣

　　臺灣被納入日本版圖以後，本島的產業特色也成爲日本明治維新後誇飾帝國實力的一環。十九世紀以降，日本積極藉世界大國各城市舉辦萬國博覽會的機會，將臺灣最具代表性的物產——烏龍茶行銷至全世界。明治30年長崎、神戶舉辦產業共進會，臺灣喫茶店在會場內初聲試啼；二十世紀初1900年（明治33年）巴黎萬博舉辦時，臺

灣躬逢其盛，茶葉組合（公會）爲擴張臺灣茶的銷售通路，在會場設立臺灣喫茶店，展期內每日平均有三四百人以上的來客數，此次展覽的參觀人數雖比不上印度錫蘭喫茶店，但也讓茶葉組合學習到寶貴經驗，其中一項即喫茶店內的給仕人（服務人員）應採用當地「土民」，異國風俗的表現不僅僅在建築樣式而已，服務內容更是重要的一環。於是，明治36年2月底日本第五回內國勸業博覽會舉辦時，臺灣喫茶店就從島內聘用臺灣妙齡女郎爲服務員。此回的展出也打開臺灣茶葉物產的知名度，據統計，入場人數從3月4日的170人到10日的一千多名，逐日攀升，媒體亦不斷誇讚臺灣喫茶店的人潮景象。此外，臺灣喫茶店的榮景似乎刺激了日本茶商，後來1904年（明治37）4月到12月聖路易萬博舉辦時，日本本國也推出日本喫茶店，與臺灣喫茶店互別苗頭，企圖將日本茶藝趣味行銷國際市場，開店後景況同樣熱鬧非凡。此回聖路易萬博，臺灣除出品三百多種的展品，11月中美國總統羅斯福蒞臨，臺灣喫茶店乃送呈烏龍茶。臺灣喫茶店的營業沒有令人失望，至當年10月底已累計88,380人，展出152天時則達99,353人，平均每日645人，成績已經超越錫蘭茶喫茶店。

　　臺灣喫茶店征討世界各地、日本國內及臺灣島內的博覽會，成爲臺灣茶開闢國際市場、

▲ 昭和10年臺灣博覽會設於臺北博物館前的喫茶店

拓展銷路的舞臺，接繼有明治38年波士蘭博覽會；明治39年東京五二會共進會；明治40年美國登陸三百年紀念博和東京勸業博覽會等。明治41年時，臺灣舉辦汽車（蒸汽火車）博覽會，縱貫鐵路的開通讓商人洞燭先機，利用火車停靠的各驛站當地設立臨時商店，在列車內則開設喫茶店、啤酒屋以及冰店，完全展現鐵道旅遊與物產商品展覽會結盟的觀光趣味及商機。之後繼有明治41年俄國聖彼得堡博覽會和臺北共進會；明治42年12月1日，美國紐約市第一家私營、店主為由家氏的日本臺灣喫茶店開業。而明治43年的倫敦日英博覽會，則將臺灣喫茶店的名氣推上另一層峰，當開店營業53天時，已有107,227名參訪人數，堪稱臺灣喫茶店歷來最成功的一次演出。回到日本國內，同年名古屋聯合府縣共進會及明治45年東京在上野公園不忍池畔舉行的拓殖博覽會，臺灣喫茶店依然人氣旺，參觀者眾多。有鑒於歷來臺灣喫茶店的成功，除了明治38年已在東京銀座設立以臺灣茶為主的烏龍茶喫茶店外，明治44年，東京淺草的「綠納公園」（遊樂場）也設有臺灣喫茶店，當時也有撲著白粉濃妝的臺灣女服務員在現場作招待。日本當局也補助委託野澤組計畫在美國紐約經營喫茶店，販售臺灣名茶；爾後大正元年11月首先在倫敦「美加麗利」公園廣場（Piccadilly Circus）新設臺灣喫茶店。

　　大正2年5月大阪拓殖博覽會，臺灣喫茶店內有五名來自臺灣的婦人充當服務員，據5月4日報導，單一日湧入的民眾就有2,878人，造成店內人員應接不暇。臺灣茶更大作廣告戲，在東京帝國劇院開演，現場還有臺灣的女侍三名奉茶接待。接著大正3年爪哇的南洋博覽會，以及東京大正博覽會，參訪的人數皆捷，大為成功。大正4年京都大典紀念博覽會，臺灣喫茶店仍延續採用臺灣妙齡女郎為服務員

的策略，錄用13歲李幼、14歲張燕、張紅呼、蔡阿賣、16歲王市等少女五名，暨看護人謝謹、李頭兩人跨海到日本會場做為店內的傭人。

在二十世紀的萬國博覽會時代中，1915年（大正4）舊金山萬博、1933年（昭和8）芝加哥萬博、1937年巴黎萬博、1939年紐約萬博，繼之包括世界、日本各地與臺灣島內大大小小的產業或勸業博覽會，而最後總結在臺灣本島的始政四十年臺灣博覽會，其臺灣獨具產業特色的展場——臺灣館內開設的喫茶店始終是萬眾矚目的焦點。

二十世紀以後博覽會結合國家資本、企業家以及大眾交通工具與媒體，一舉將產業技術發明的展現推向消費大眾與社會的形成，博覽會場內大眾觀看的視線與獵奇的心理，被資本家轉化成為百貨公司的櫥窗展示與商品消費行為。臺灣館內的喫茶店，除了做為奇觀對象，始終是臺灣物產中最亮麗的一塊招牌，且是展覽場最有人氣，既吸睛也吸金的所在。因此契機，也才有日本「第五回內國勸業博覽會」（明治36年，1903）舉辦兩年後的明治38年，由日人在銀座創設「烏龍亭」喫茶店。不僅如此，臺灣茶商公會汲取國內外大小博覽會的經驗，信心滿滿，試圖擴張通路，公會會員吳文秀更親赴日本各地考察，研議準備在東京、大阪、京都三大都市開設純喝茶的臺灣喫茶店。大正5年總督府舉辦臺灣勸業共進會，臺北知名的日人菓子商大動作參與，有三日月堂、岡女庵、富士屋、朝日堂、一六軒五家聯合在共進會第一會場新建築總督府四樓設立臨時喫茶店，繼大正3年在臺日人菓子店鼻祖末廣屋支店設立喫茶室之後，可明顯看出臺北菓子商已開始販售點心與飲料的企圖，臺灣另一種咖啡屋型態——菓子商喫茶店也因此逐漸形成。

　　大正時代臺灣在「カフェー」類型咖啡屋未大量風靡前，可以說是喫茶店的昌盛時期。如前述，末廣屋曾開發新產品「ラヂユーム」（拉柔霧）煎餅，大正3年3月時又在菓子店樓上另闢喫茶空間，買糕餅點心的顧客還可無限暢飲茶水或咖啡，店內的香蕉煎餅尤其著名。大正5年4月，臺北府前街朝日堂餅舖也推出一種新式的雞蛋冰，定價二十錢，係老闆到東京取經回來研發的冰品，雞蛋冰裡面混合咖啡及餅，風味特殊，自推出以來大受歡迎。

　　話說1926年（大正15），美國一度施行禁酒令，結果當地喫茶店如雨後春筍般大量興增，臺灣烏龍茶的銷路因而受惠，或許有人看準喫茶的商機與特色，也投入開設喫茶店。大正12年6月，原臺灣銀行行員吉光十一郎氏，直接仿用「末廣」老字號，在西門町新世界館

▲ 西門町新世界映畫館內有日人吉光十一郎開設一間末廣喫茶店

內開設了一家東京式的純粹喫茶店 —— 末廣喫茶店；接著菓子商一六軒在11月也擴張喫茶部，成立新高喫茶店；大正13年，甚至於日本知名藥妝店資生堂，也在臺北開設喫茶店「帕爾瑪」；大正14年6月6日，繼有臺北菓子商水月堂在榮町臺灣日日新報社前開設「水月」喫茶店，店內為一開放的空間，裝飾簡便，只單純設置供客人食用點心的桌椅，椅子有高有矮，很適合親子共遊；8月有臺南藥店高島愛生堂成立喫茶部，在店內販賣各種蘇打水、原產地進口的咖啡豆以及冰淇淋等西洋點心飲料；11月高雄的火車站前，洋食店滋養軒在樓下也闢出一部分做為喫茶店營業空間。大正15年6月，臺式酒樓東薈芳也設立喫茶部，販售西洋飲料、冰和麵包點心類。

▲ 昭和12年，一六軒夏天飲料廣告。

　　大正14年8月18日，有記者打聽到，臺北生意最好的某喫茶店，一日有五百人進出消費，服務員因為點餐忙得不可開交，櫃檯上的計算機叮叮噹噹響不停，十錢、二十錢的零錢不斷收進找出；客人走進喫茶店內，點上一杯蘇打水或冰淇淋，電風扇的涼風迎面吹來，即是夏日傍晚散步的人最棒的休憩方式之一。

▲ 昭和10年，高雄火車站前的西洋料理店滋養軒廣告。

　　前述的水月喫茶店開張後，或許是靠近日日新報社的地利之便，成為記者、藝文同好經常出沒的地點，曾舉辦過多回文藝座談會、詩人之會，開幕初供應的菓子每類皆為五錢均一價，另外還發售喫茶

券，來店消費的顧客則贈送特價商品券。

　　大正15年8月夏季，漫畫家筆下的風景，夜晚的喫茶店似乎樂趣無窮，讓散步的人心情愉快，僅僅只要一杯冰水或蘇打水，在口中、在心裡，都有說不出的甘甜滋味。但另一方面，在日本已普遍流行的「カフェー」咖啡屋，終究吹往臺灣本島大都市，在臺日人開設冠有「カフェー」的咖啡屋遂見萌發，日後也影響了喫茶店的經營方向，成為部分喫茶店服務內容產生變化的主因之一。

　　昭和4年，有菓子商福福堂公開懸賞募集其喫茶店的命名，最後以本家「福福」高票選定為喫茶店店名；隔年3月，臺北新公園前和平食堂也設立喫茶部。可見喫茶店的風氣由菓子店帶出後，影響遍及各地西洋料理店、臺式酒樓、藥店和食堂。但另一股「カフェー」咖啡屋消費潮流在大正末期逐漸襲向臺灣後，再次對喫茶店市場帶來巨大影響。

　　昭和6年6月，大稻埕有臺灣人楊承基開設唯一、也是第一家喫茶店「エルラル」（維特），但終究不敵時下正流行的咖啡屋與酒家，為順應消費者的喜好與意向，也不得不變更營業方向，於同年11月以後將喫茶店改造為「カフェー」式酒家，並聘請女給十名周旋其間。昭和7年6月，水月喫茶店也在本店二樓新闢一大型的カフェー式食堂兼宴會場，有摩登現代化的設備和高吊的水晶燈，還聘有十幾位女給服務。是年11月，水月推出新名品「カクテル餅」（雞尾酒麻糬餅），並且特別招聘日本大阪方面的赤玉、丸玉和オリムピック（奧林匹克）三家洋食咖啡屋選拔出的美人女給來臺服務，噱頭十足。大約這時期已顯見咖啡屋的感染力正逐漸攀升中，終於凝聚為昭和7年度最盛行的「カフェー」旋風，形成臺灣的「珈琲時代」。

　　昭和初期「カフェー」咖啡屋的浪潮，致使有些喫茶店的內容逐漸質變轉向，摻入情色，賣起酒精飲料，以致高校生喝酒鬧事、店內雇用未成年少女、在客室跳舞的新聞時有所聞。不過到了昭和10年2月，也有記者發表〈摩登聖書喫茶店八戒〉，不忘提醒芸芸眾生，在休閒純情的喫茶店內，雖然男女成雙成對，一塊蛋糕二人吃，一邊聆聽著好聽的音樂，一邊愉悅的喝著咖啡或紅茶，還是要應該注意一些「眉角」，不要糟蹋了一杯好飲料，其第一條建言即寫道：

　　喝咖啡前，先一口喝掉之前送來的白開水，然後再一口兩口的喝掉這杯咖啡，根據經驗，是不是咖啡，舌頭最清楚，因為那樣是有苦味的。其後，慢慢的將方糖放入，以湯匙緩緩的攪一攪，喜愛黑咖啡的人，這樣喝就很興奮。困擾的是，以前的人還是想加入牛奶才喝。一開始，砂糖和牛奶、咖啡，還是趁熱喝比較好。人們經常喋喋不休，話講個不停，咖啡都冷了還沒有喝，這倒是個問題。帶著戀人的場合，因為說話的一方極易熱烈，所以沒有辦法，但是另一方仍然可以提醒說咖啡冷了。

　　咖啡依據種類，味道、香氣都不同，然而還是要自己喝喝看才能發現。

　　男男女女在這樣的喫茶店內談戀愛喝咖啡，無非是一種既時髦又興奮的社交事，其中論純情當然以菓子店附設的喫茶店為大宗。

　　在菓子店內喫茶，以咖啡、紅茶佐甜點、麵包或食蘇打水、冰淇淋、洋食簡餐為主，客層反而比有女侍陪喝咖啡的咖啡屋或喫茶店還單純。最早日式的菓子店進入臺灣，到明治40年10月時僅有十七戶小店舖，如末廣屋分店、三日月堂分店、一六軒、岡女庵、富士屋、

日新軒、清水、清心堂、梅月、菊水堂、浪花堂等日本傳統老店；而
本島人開設的菓子店則以大稻埕的寶橋齋、葉順吉與新順吉為首。日
本最初在菓子店內開設喫茶室，且糕點可與紅茶、咖啡一起食用的店
舖，據說是在1893年（明治26）7月由風月堂麻布分店開始將此習

慣帶入，而風月堂賣咖啡甚至有史料指
出，應可追溯至1886年（明治19）的風
月堂京橋店；明治29年，則有東京芝區
的木村麵包店二樓也設立喫茶室供應咖
啡和洋食。明治40年還有三越百貨前身
三越吳服店的食堂販賣十錢一盤的洋菓
子，以及五錢一杯的咖啡、紅茶或五錢
一盤的和菓子；明治43年11月，在橫濱
元町開店的不二家菓子店，店頭除販賣
洋菓子，也設有桌椅，供客人享用洋菓
子、咖啡和紅茶。

▲ 水月堂菓子店廣告

　　大正時期以後，日本製菓企業看準
臺灣甜點、糖果消費市場與砂糖資源，
先後進入臺灣設立營業據點，開拓新銷
路，如以一六軒為基礎成立的新高製菓
商會，其直賣產品的喫茶店 —— 新高喫
茶店；而森永製菓株式會社連續在東京
大正博覽會（大正3年，1914）、臺灣
勸業共進會（大正5年，1916）推廣牛
奶糖，博得廣大民眾的青睞，為拓展海

▲ 昭和13年，新高製菓廣告。

外市場銷售額，於大正14年5月在臺設立「森永製品臺灣販賣株式會
社」，森永的菓子店樓上也設立喫茶部；昭和18年9月，臺北甚至有
青果物同業組合決議委託森永製菓，在榮町四丁目經營供應新鮮水果
的喫茶店，期望蔬果料理可融入一般市民生活中。

　　此外，明治製糖為促進砂糖銷路，合資成立的相關企業「明治製
菓株式會社」，在大正9年也創立製品直營店「明治商店」，由於臺
灣的菓子製品銷售量逐年增高，昭和4年即在臺北本町設立分店做為
明菓的直營販賣所，喫茶部則設在榮町二丁目。昭和8年，臺灣地方
自治聯盟臺北支部「地方自治制度座談會」就在此地點召開。昭和11
年，明治製菓的業務大增，進行榮町賣店的改建，將本町臺北分店的
辦事處、菓子賣店，與榮町喫茶店合併，成為三層樓的新式建築「菓
子‧喫茶 —— 明治製菓賣店」，昭和12年1月1日起開始營業。新裝
潢的賣店，在鬧市中不失幽靜，三樓還設有大廳可供聚會。

　　昭和12年日中蘆溝橋事變前後，由於大眾的經濟生活吃緊，一擲
千金的咖啡屋逐漸走上沒落之途，此時大企業一貫經營的純喫茶店反
倒逐鹿而起，而以明治製菓新的營業所開張後，和主要對手森永製菓

▲ 昭和12年，明治製菓與富士屋菓子店廣告。　　▲ 昭和12年，明治製菓廣告。

的經營競爭升溫，最清楚可見。森永除了
昭和10年在大稻埕臺灣第一劇場下一樓開
設喫茶店，更於昭和12年以五萬五千圓直
接併購榮町公會堂旁水月咖啡屋的家屋設
備及建地一百五十坪，成為森永製菓的直
營賣店；隔年11月，森永再進一步改建成
三層樓店面，彼此競爭的態勢非常明顯。

　　曾任《臺灣新民報》副刊主編的黃得
時，回憶提到與一些朋友最常浸泡消磨的
喫茶店就是森永與明治製菓兩家，當時菓
子商的喫茶店更純粹，是藝文朋友認知上
的純喝咖啡或紅茶的咖啡館，「咖啡館呢？
都是志同道合的朋友，共坐坐，談文學，
欣賞名畫，聆聽名曲。哪些人嗎？大多是
新聞記者，和業餘作家。」而喫茶店喫的又
是什麼茶？「喫茶？是啊！咖啡和紅茶。」

　　喫茶店在臺北盛行後，還有人問說臺
北的喫茶店的咖啡是否好喝？但根據從南
美洲咖啡發源地回來的人說，臺北喫茶店
的咖啡根本不能喝，因為連咖啡豆的一等
品、二等品的品種的區分法都不知道。但
也有人反駁，喝咖啡又不一定非得採購南
美的咖啡豆，咖啡就是咖啡，只要能喝就
行。

▲ 昭和10年，森永製菓廣告。

▲ 昭和13年，森永製菓廣告。

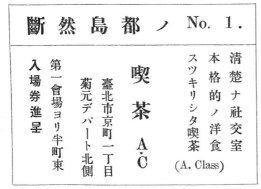

▲ 昭和10年A.CLASS喫茶店廣告，號稱臺北第一；另一家則是Colombia喫茶店廣告。

　　昭和10年10月臺灣博覽會舉行前後，臺北大稻埕方面新開業的喫茶店與咖啡屋增設不少，到隔年2月時已有三十家之譜。昭和11年7、8月間，有名氣的個人經營的喫茶店如A.C.（A CLASS）、BB（ルパート）、波麗路等皆各具特色，其中有一家在大和町南警察署前開店的「オリンピヤ」（奧林匹亞）喫茶店最受年輕的知識分子歡迎，時常客滿。此店室內空間不大，但因為將料理設備隱藏得不錯，所以讓人倍覺明朗清新、別緻且優雅，冰咖啡和熱咖啡尤其具有獨特的魅力。當時咖啡屋或喫茶店十五錢或二十錢的冰咖啡飲料，一般處理都是將冰塊直接投入咖啡中，但此店除了從日本當地進口七種咖啡豆，冰咖啡的處理也細心不馬虎，不隨便直接將冰塊丟進咖啡中。其風味只要喝一次，就令人忘不了，冰咖啡一杯十錢，算是彼時全島唯一最便宜的冰咖啡。這家店絕對不提供酒類，是一純粹理想的、娛樂清新的喫茶店，顧客也幾乎沒有三教九流，被認為是家族或知識分子年輕人們最主要的娛樂場所。有趣的是，店主岡本義則本人是一位愛犬人士，而且是軍用犬的權威，曾參加帝國軍用犬協會臺灣軍後援的軍用

犬大會比賽，分別有母犬「別邸」與公犬「胖子」參加，「別邸」還因此獲得牝成犬第一段最優勝臺灣軍司令官軍用犬協會長獎。奧林匹亞喫茶店也被認為是店主岡本氏理想中咖啡屋和喫茶店的實現，從冰咖啡的定價即知一二，不完全為商業考量。

　　但在市場激烈的競爭下，喫茶店從過去沒有女孩子服務的情形，到後來甚至出現未成年少女服務招待客人的情形，以致招來警察當局祭出禁令，規定喫茶店不得有色情勾當，如客室不可以布類遮圍；不許有音樂播放；只許販賣茶點、餅類、青果類、飲料水、冰等，除此以外的飲食物不得販賣，也不能幫客人代買；婦女不可在客室唱歌跳舞等有可能違反風紀的種種規定。不過在昭和11年明治喫茶店的廣告內，還可看到「食事の會」與「喫茶の會」的菜單寫上吃簡餐有湯、魚、肉、水果、甜點、咖啡，每份120錢；喫茶則有咖啡、水果、三明治等，每份70錢。套餐的設計顯見喫茶店內飲食用餐仍在營業項目內。

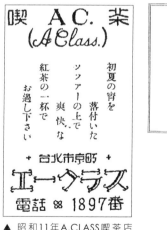

▲ 昭和11年A.CLASS喫茶店廣告

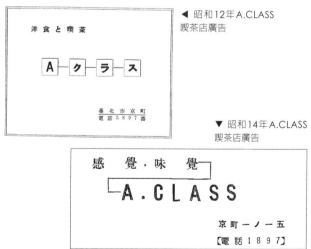

◀ 昭和12年A.CLASS喫茶店廣告

▼ 昭和14年A.CLASS喫茶店廣告

明治末年的城市消費文化與空間

臺北新公園

　　早於「PARK ライオン」（公園獅）在臺北公園（新公園）內新設開業前，於明治39年公園發展初期，已有「餐飲店」設立的研議，其中在7月20日的相關報導中，也提議在不影響衛生風紀下，公園設施當可添加風情景致，如「公共俱樂部、寫真店、茶亭、公共椅、鞦韆之類」。此外如想要「請設洋食店、茶亭者」，則就近在臺北廳審理。

　　如7月24日即刊有〈新公園之賣茶店〉一文：

　　臺北新公園，經擬定為種種設備，遂有希望並設洋食店、牛乳店、及賣茶店者。詮議之後，也許可以如希望者之願。有欲開設此店之人，可從速向臺北廳請願。

　　隔年8月16日，報紙因圓山公園情事，才又加入新公園的近況討論：

1930年代的臺北城，中央斜向左上的道路為臺北市重慶南路，城市發展的景況與日治初期已截然不同，右上角則為當時的臺灣博物館與新公園。

　　又臺北公園之請為露店雖已有之，終以建築故，遲遲有待。近乃許設茶店二所。

　　原來近一年內新公園已經出現有簡便露店的蹤影，但茶店二所是直到最近才獲得許可。這樣的進展得回顧露店設置之初，雖有辻利茶舖茶商三好德三郎氏於明治40年9月以後，每月22、23兩日在公園南邊臺北俱樂部周邊（約今懷寧路至凱達格蘭大道範圍）設起夜間露店，亦可算是近代臺灣有電火點燈的夜市之嚆矢。後來因故中斷後，至明治42年5月，因市內店舖景氣好轉，於是商界推舉三好氏再與地方官進行斡旋。一方面也由於公園內音樂堂每星期日皆舉辦音樂會，露店設攤的時間也將安排在當天下午四點到夜間一點。至於攤商設立地點則位於臺北醫院前迄高田商會前兩邊街路範圍（約今公園路至襄陽路範圍），並決定隔月的6月6日星期日正式開始營運。

　　當時的露店與今日之流動夜市類似，固定於每個星期日到新公園音樂堂旁設攤，在報導時已有冰店、盆栽店、布店、玩具店等商家提出申請。新公園有現場演奏的音樂會，又有各式夜間露店麇集，6月6日當天進入賞遊的來客數就有五、六千人，有記者逛完後隔日即寫出誇讚之辭：

　　每星期日開設露店，電光照耀，如同白晝。且有音樂隊奏樂，可娛目怡神。誠消夏一好去處也。

　　也因為此次反應盛況空前，攤商為令自家露店更具吸引力，於是在隔週星期日6月15日當天皆卯足全力，「各種露店，均改設備」，一時喧騰熱鬧。

電光照耀下的臺北市

　　除了清光緒末年（1885），臺灣巡撫劉銘傳在臺北城內曾委由丹麥電器技師監督下短暫發電，供應新官衙與重要街道；日治後明治33年總督府亦曾廣邀臺灣各界仕紳文人參加揚文會，搭火車北上的彰化名紳吳德功便驚訝於火輪飛快與電火發電的威力與新奇感。爾後短短幾年間，新公園夜間露店的成功，將商業活動與市民消費一舉延長至深夜，正代表臺北都會市民已逐漸習慣並進入「電光」世界。甚至有報導誇張說，過去點煤汽燈的臺北，「不啻於黑暗世界」，因此懂得利用電燈營造氣氛與商機的商店也相對多了起來。明治38年11月2日，電氣作業所更統計公布每月點燈最多的店家，其中以料理店／丸中奪得拔籌，除開貸座敷不談，料理屋／一力、琴水、江戶長、丸新、吾妻、日本亭分店、鳥松、玉山亭、臺灣樓等皆榜上有名。在電燈的推波助瀾下，臺北的夜晚飲食文化可謂越夜越美麗，或許也多少影響了公園內設置洋食店與茶亭的許可導向。

初期施行的都市計畫

　　日人治理臺灣初期，由於不適應舊有傳統潮濕、不潔的市街，以及不通風、採光不佳的屋宇，加上瘧疾、鼠疫等傳染病猖獗，每年患病的人數居高不下。明治29年因鼠疫的患者數目，日本人有140人／本島人有118人，共258人，其中死亡者157人；到明治38年，累計患者總數已達2,364名。日人為了調適熱帶島嶼的陽光、熱氣、暴風、暴雨等氣候，只得致力於公共衛生設施的改善，進行街道、下水道、堤防、市場、公園等市容整頓，明治33年開始拆除臺北城牆，除象徵性留下東、南、北門與小南門等城樓，西門現地與城外則闢建橢圓公園一座。

　　是年，《臺北廳報》布告改正市區之計畫概要，但街道擴張、土地徵收、房屋遷建以及地價暴漲等諸多因素，一直不能順利完成，也不得不於明治40年後決定公共土地徵收的地價採行半價之辦法。至明治44年，臺北又一次遭強烈颱風侵襲，傳統家屋大半毀壞，總督府乃趁隙擴張市區，進行一次現代化都更計畫，以後街道也因此處處可見三層樓的洋式房屋。

臺南颳起日式時尚風

　　臺灣各地主要街庄城市在改正市區計畫的制定下，全新重塑的生活空間有別於過去傳統居住環境，新一輩人的身心與慣習也隨之潛移默化。以古都臺南為例，舉凡年輕人的衣服、飲食、語言、居處等衣食住行，皆有朝向日式時尚轉變的趨勢，最時髦的明治青年男女，身

穿的是日本流行的衣飾、鞋屐、帽笠；身體洗的是大眾澡堂的湯浴；
宴客應酬則大啖日本料理、品飲日本茶葉、啜喝白鹿澤龜葡萄酒；日
語說話逐漸流利；居家坐臥也慢慢習慣榻榻米。而流風影響不只於
此，臺南西洋料理店，除有專賣牛肉料理及各種麵食（包），甚至有
廚師精研多種以美國小麥粉製成的手工麵包。日本當地直到大正時期
後才開始普及的麵包餐點，明治38年的臺南卻已經大肆宣傳開來，只
能說時尚的力量眞偉大。

明治 40 年的臺南西洋料理店

　　明治40年6月8日，新聞報導的焦點亦轉至臺南西洋料理店的現
況，除了臺灣樓和滋養亭之外，到處都是糟糕及不衛生的食堂，使得
好不容易請來的廚師不能發揮本領。而臺灣樓早於其他食堂更改設
備，另外滋養亭也因市區改正而占有黃金店面的位置，已足夠承辦
七、八十人的宴會。被視爲明治軍政時代遺物的臺南西洋料理店，有
記者預言，如果可以革新設備以及裝潢，預期也將是令饕客耳目一新
的美食時代。此後，臺灣樓也打出廣告承攬新式結婚喜宴。

臺灣出現第一家咖啡專賣店

新起街市場八角堂

　　最早原艋舺祖師廟對街第一代的木造市場拆遷，另擇西門外改建新市場，明治41年從橢圓公園通往新起街附近不遠的新式「新起街市場」落成，市場主體規劃包括販售日用雜貨的八角堂與供應生鮮果菜魚肉的十字形建築市場。臺北新起街市場雖做為一指標性、現代化的模範市場，其實稍早幾年，臺南與嘉義等地的新式市場已相繼起築與開業，同時也都設有飲食店與喫茶店。

▲ 新起街市場也稱西門市場，其八角堂之建築師為近藤十郎和野村一郎，由鐵骨屋架及紅磚構成，主要為乾物店；後棟則有十字形建物，主要為蔬果生鮮肉類攤位。

新起街市場八角堂未啓用前，也被籌劃爲當年臺北農會舉辦「臺北物產共進會」主會場使用，五月起開始招商，共展出有農產、畜產、林產、工產、水產、鑛產、雜類等物產，臺北廳下出品數共約4,200件，其他廳下則達9,841件。共進會更不滿於、也不限於只展出臺北物產，亦蒐羅全島之物產，打算趁此機會將臺灣產業、臺灣經濟的發達情勢，向日本內地與國際廣爲介紹，還稱之爲「臺灣勸業小博覽會」，又恰好時值南北縱貫鐵道全線開通，南來北往亦可預見觀光旅遊人口與消費的大好光景。

臺北物產共進會

明治41年10月18日臺北物產共進會舉行開幕典禮，儀式最後有本島仕紳辜顯榮宣讀祝詞，下午一點後開始讓市民自由入場。入場前民眾會通過一道擬眞的假石門，會場北面有庭園花卉及陳列場，並設置大噴泉在庭園內；過橋後八角堂入口大門交叉懸掛太陽旗、會旗，入場後規劃雜貨即賣所，周圍分成十區，場內並設有飲食店，同性質的飲食店不超過兩家以上爲原則，啤酒、清酒、冰水之類爲一區；喫茶店、茶餅、年糕紅豆湯、圓子類爲一區；醋飯便當之類爲一區；蕎麥、餛飩、麵線之類也爲一區，每隔間六尺四方，徵收十圓租金。

而八角堂二樓則有臺北茶商公會設立臺灣喫茶店以及近藤商會設立之「ビーヤホール」（啤酒屋）。臺灣喫茶店內有寶島少女服務，入場一票到底，供應烏龍茶、包種茶及糕餅，茶菓則免費無限量款待，故展覽期間生意興隆，也算是臺灣最早的歐式茶點自助餐始祖。場內另有一餘興戲臺可觀賞演藝，有南管戲、有臺北高砂兩檢番和艋

舺戲團；還有同仁社長高松豐次郎率領高松活動寫眞團、藝妓及曲藝師等，輪番表演電影放映與音樂舞蹈。八角堂中央屋頂高懸128顆電燈排成耶誕樹，戶外則布置七彩霓虹燈，開幕當晚點亮彩燈與電燈，是夜西門外猶如不夜城。此回共進會的成功也促成各界迴響，一致認爲臺灣應該舉辦自己島內的博覽會，總督府一方面持續輸出臺灣館與喫茶店參加國際與日本國內的大型博覽會與地方勸業共進會，一方面終於在始政臺灣二十年後（大正5年）開辦「臺灣勸業共進會」。

臺灣第一家咖啡專賣店 ── 新起街市場關口商店

臺北物產共進會結束後，八角堂與後棟十字形建築也在年底12月抽籤決定租定商家的場內位置，而場內不同業種的區隔辦法，更像今日百貨公司櫃位的設計。最終確定在八角堂開店者有：

一樓

第一間甜點類（三日月堂）；第二間西洋食料（石黑）；第三間瓶罐酒類（田中）；第四、五間陶器（小山）；第六、七間玻璃器（樋口）；第八間茶（盛進）；第九間玩具（關口）；第十間煙草（本多）；第十一間陶器（小笠原）；第十二間銅鐵器（山下）；第十三間金屬（中澤潤二）；第十四間日用雜貨（升五商店）。

二樓

第一間名片等（谷口）；第二間醫療器械（回春堂）；第三間女性化妝品（奈良屋）；第五間布類（菊本）；第七間西洋雜貨（盛進）；第十間

什貨仔店（倉野）；第十二間紙筆墨（佐藤商店）；第十三間藥（恩田美敬）；第十四間珈琲（關口）。其中第四、六、八、九、十一間等五間尚未租出。

　　明治41年12月年底，新起街與大稻埕兩市場研擬準備在市場空地設置攤販露店，販賣的物品有石炭、番薯、臺灣甜點、蔬菜、油鹽、穀物、魚類、畜類、水果、雜貨、飲食物等。而新起街市場八角堂內，共進會期間進駐販賣壽司和年糕紅豆湯的商人關口龍太郎順勢留在市場內，準備租下一樓第九間、二樓第十四間開設關口商店，關口氏在一樓商店賣玩具，二樓則賣起了咖啡。二樓樓層分割成十四家賣店，格局不算大，但也許這家小店才是臺灣最早的、眞正的專賣咖啡的小舖。

▶ 新起街市場（西門市場）八角堂及戶外賣店

八角堂的一頁滄桑

　　八角堂一、二樓賣店規劃大致確定後，但不知是何原因，一直拖延至明治42年1月底，商家才逐漸有進場的動作，雖然報紙持續關注新八角堂的最新狀況，不過正式營業又延宕至3月，最大的原因可能是各賣店的開店時間不一致所引起。3月1日新起街市場八角堂一、二樓終於開場營業，並且開始有夜間營業，但此時店家與商品種類卻有了變動，其中二樓的商店有：

　　藥材古玩（恩田潛龍堂）、美術玻璃器材、西洋雜貨（火野商店）、玩具（竹內商店）、西洋書籍、雜貨（吉岡商店）、藤編「蕃地」特產（柳鳳商店）、女性化妝品（紫丁花屋）、布料店（金越商店）、珈琲（關口商店）。

　　一樓的商家與業種經過調整則隔開成：

　　甜點（三日月堂）、洋酒（石黑商店）、藥（奧田商店）、陶器（小山商店）、京都織錦（佐竹商店）、布料（金越商店）、茶（盛進商行）、玩具（關口商店）、煙草雜貨（本多商店）、用紙文具（山本商店）、美術金屬（中澤商店）、日用雜貨（升五商店）。

　　集中賣場最擔心開店有一家沒一家的，拖延一年的八角堂賣場，或許讓某些商家打了退堂鼓，二樓的店家作了變動調整，難得純賣咖啡的關口商店仍然如期展店。

　　明治43年2月，新起街生鮮市場的生意大爲興隆，可是主體建築八角堂內的賣店景氣卻不見起色。八角堂外的空地有長期駐點的關西馬戲團動物展覽，活生生的動物有別於過去酒精標本，吸引了鄉下學童集體參觀。廣場內還有美國聖路易大博覽會獲得一等獎的自動活人偶秀，傳來陣陣的咯啦咯啦聲，其中有小熊樂隊的活人偶，小熊公爵打著小太鼓，少女排成一列混合著打，幾隻小熊跳舞著。觀看的孩童擠得人山人海，新起街市場已經變成臺北最熱鬧的遊樂場所，而八角堂內的商家卻還得不到完善的租店規劃，於是有人提議，倒不如在市場內建神社，迎入觀音菩薩、雷公等各種天神。

　　時間來到大正年代，市場在開幕最初幾年，爲吸引民眾，也放起了活動寫眞（電影），如大正元年8月中放映日俄戰爭影片、相撲、西洋風景、滑稽劇等，或是12月中大阪杉本商會特約放映的寫實影片或滑稽劇，都曾在市場內放映。後來在12月31日有報載，市場內規劃的電影常設館，「電影再度風靡，非常熱絡」。而自從八角堂夜間營業後，每晚「光耀奪目，人氣鼎沸」，那年年底12月21日，夜間戶外也開始設起歲暮特賣露店，更吸引顧客到此購物，其中若消費金額超過三十錢，即贈送「福引券」（摸彩券）一張，參加福引景品（摸彩贈品）抽獎，此活動並持續至31日。隔日大正3年1月1日，市場內的電影常設館也邀請辯士幽蘭女士擔任解說電影。

　　由於夏季暑氣影響，加上冰塊、冷藏設備引進生產，明治42年6月以後，八角堂市場內的冰屋暴增到五家，不知何時起，連賣咖啡的關口商店也重操舊業，在八角堂內賣起冰水與汁粉（年糕紅豆湯），只不過關口的咖啡賣店在開業後一直沒有後續消息，經營是好是壞也沒有報導追蹤，很有可能冰店即是咖啡賣店的營業變更。大正2年3

月後，關口氏突發奇想，從日本引進櫻花六十餘株，種在冰店庭園外供人觀賞，隔年3月，櫻花花蕊綻放盛開，遊觀者接踵而至。於是，關口氏打鐵趁熱，陸續引進不同品種的櫻花，並且賣起了賞花的熱門食品「花見汁粉」和「花見團子」（賞櫻時所吃的丸子點心）。

　　大正6年6月，始政紀念會前夕，臺北各商街緊鑼密鼓的準備迎接活動，新公園內也選擇博物館及館前噴水池裝飾強力電燈，6月17日紀念會開始前，八角堂市場仍照往例以電燈裝飾，「以壯觀瞻」。

　　大正9年7月13日起，漫畫家國島水馬針對臺北市區的啤酒屋，進行「這家喝到那家」系列報導，每間店舖透過漫畫家短暫的停留，對大正年間的飲酒習慣有印象式的即景速寫。此時在新起街市場內有麒麟啤酒屋、明石屋及大塚惠比須會館，市場外周邊有高砂會館、玄米會館等。其中對新公園內的「獅子」（公園獅）則印象不佳。

　　市場內的啤酒會館圍繞著八角堂闢設，水馬因受歌舞伎演奏大正琴的吸引進入大塚惠比須會館，其間還穿插草裙舞的表演，「這家店宏大的建造幾乎是分為兩半，一個是客人座席，其他是庭園。庭園中央有漲滿的池水，讓你有如身處仙境一般」是水馬的第一印象，唯美中不足的地方是此地鄰近鐵道，常受干擾。此外，明石屋則讓水馬感受到像是一間「平民式的簡易會館」，有家的感覺，但缺點是女服務員的穿著不合身。

　　是月，八角堂內的木構造有部分腐朽，遂有改善建築的工程進行，時間直到大正10年4月才告竣工，賣家仍照舊不變，可是開場時間卻一延再延，幾乎快變成了「蚊蟲蟑鼠館」，以致於6月時，有人寫詩諷刺八角堂：「改築落成經日長，門戶緊閉任鼠荒；借問市長何為積，八角堂是無住堂。」

　　任由市場荒廢屢遭市民詬病，市政府於是在7月重啓市場，但八角堂商店再次面臨櫃位調整的問題，原在一樓也有店面的金越吳服店撤櫃，其他業者則照常開店，但同一商家承租多間店面的情形重新受到限制，釋放出來的空間讓營業種類增多。首先樓下營業的種類有茶商、洋酒洋食料品店、化妝品文房四寶店、菓子店、陶器店、紡線屋、木屐店、蕃產物、假髮店、女性用品化妝店、玩具商等，陶器店則有三家。樓上則有「生蕃」屋、雜貨店、玻璃器具、兒童服裝、針織品、日式饅頭店、西洋食具、家庭用藥、書店、風景明信片等，各店雖有一些陳列品，但有些店家仍未確定是否租下，報導當時，樓上還剩下兩個攤位，而關口商店經營的咖啡店已經不在名單上了。

▲ 一六軒除了經營新高喫茶店，昭和3年更在八角堂二樓設立食堂Offset，供應茶、咖啡、啤酒以及洋食。

　　昭和3年，新起街市場八角堂又有大動作的空間改善。3月底八角堂二樓的商店皆被撤除，老牌菓子商「一六軒」多角經營，除了在榮町開設新高喫茶店，還進駐八角堂，將二樓賣場改裝爲一六軒分店「オフセット」（Offset）食堂，設喫茶部、食堂和自由休憩所，開始供應茶、甜點、咖啡，也有大碗蓋飯或啤酒等食

物，讓原本沒有餐廳的八角堂，多了一處顧客可以用餐、休閒的好去處。

同年4月27日，臺灣日日新報社為紀念創社三十週年暨祝賀銷售佳績，聚會在西門市場內八角堂樓上喫茶店，照片中看得到人潮滾滾，聊天、喝咖啡、吃甜點，喝著滿滿的冰啤酒。

昭和9年8月《臺灣婦人界》報導臺北咖啡屋情況，八角堂二樓「オフセット」食堂的服務，記者頗有微言，「女店員的服務態度和她給人的感覺，難道就不能再好一點嗎？」不過整體上，八角堂食堂仍算是逛市場夜市後的最佳休憩地方。

繼昭和6年滿洲事變後，日軍對南進海外蠢蠢欲動，昭和12年7月中國北京蘆溝橋事件（北支事變）、8月上海八一三事件接連發生，戰事一觸即發。臺灣總督府在南進計畫中也扮演積極角色，隨後舉行全島臨時地方長官會議，施行「國民精神總動員」，實則宣揚軍國主義；日軍完全占領上海後，隔年元旦，臺灣神社有三萬多人參拜，祈祝勝利；昭和13年4月，臺灣招募的農業義勇團從基隆出發，支援中國戰區的蔬菜栽培軍需。是年，陸續有各派遣部隊的軍人遺骨送回臺灣。12月18日，總督府公布隔年一日起實施燈火管制，一般的娛樂場所只得偃旗息鼓，一場全民總動員的戰爭已全面掀起。

昭和14年，八角堂樓上的喫茶店已經歇業，就在1月8日的報導中，為繁榮八角堂二樓的景氣，市場有意在二樓設立遊戲場，已有八家取得許可，但也規定必須由出征的軍人遺屬才可承租。新起街市場八角堂在日治時期繁華如夢一場，二樓商場淪為遊戲場，除了建築老舊以及大環境的變化，也象徵一個現代化市場的沒落。

大眾旅遊時代的來臨

西洋料理價格騰貴

　　明治41年臺北物產共進會舉辦年度前後，南北縱貫鐵道全線開通、總督府殖產局博物館（臺灣博物館）開館、全臺唯一歐式飯店鐵道大飯店開業營運，各地市況景氣有逐漸好轉的跡象。此刻臺北的西洋料理原物料價格也在逐步上揚，連帶西洋料理的價格也隨之騰貴，自有西洋料理店十二年以來，餐價上除了八仙亭、紀州庵、明治樓較為持平外，臺灣樓、玉山亭、同盟軒等店皆有調漲。

　　結果鐵道大飯店開業一個月後，明治41年12月4日，也有報導說到，玉山亭、臺灣樓，以及其他西餐廳均遭受大打擊，預測今後的競爭必定相當激烈。此時世界各國的嗜好飲料局勢，如可可亞或咖啡需求也逐年遽增，趨勢如此浮躍，彷彿正準備著迎接一個大眾鐵道旅遊新紀元的到來。

南北縱貫鐵道開通與鐵道大飯店落成開業

　　1908年10月南北縱貫鐵路線開通前，總督府鐵道部撥出經費，在臺北府後街一丁目興建一座純歐式三層樓建築鐵道大飯店，總面積三千六百多坪，主建物建坪六百二十多坪。當鐵道大飯店還未落成開業（11月1日）前，就在縱貫鐵路開通後不久，10月10日出版的《臺灣鐵道名所案內》早一步已搶先介紹鐵道飯店的設施。旅館一樓玄關

與大廳裝飾華麗，有撞球場、談話室、圖書室、理髮廳、辦公室、二間小餐廳以及一間大食堂；有電梯直登二樓和三樓，二樓大廳陳列臺灣物產與藝品伴手禮，另有集會室、客廳、辦公室以及客房十一間；三樓十六間客房，還有圖書室、事務室等；飯店中央有庭園植栽臺灣四季花卉草木，戶外有運動場，餐廳酒吧提供數十種世界各國的酒類；廚房則聘用懂得法國料理的師傅掌廚，所有寢具、食器、設備皆精挑細選，高尚優美，完全展現大飯店的一派恢宏大度。當時在餐廳內用餐，早餐一圓、午餐一圓五十錢、晚餐二圓；至於若要喫茶喝咖啡，費用則是一個人二十錢。可惜經營之初，住宿營業始終不見成

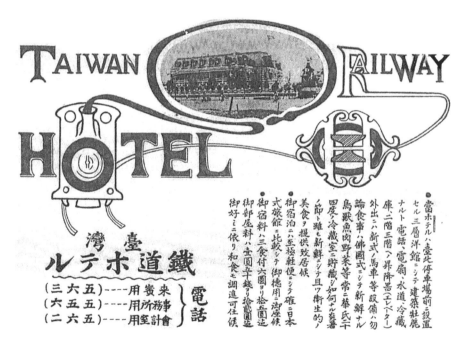

▲ 明治41年南北縱貫鐵道開通，歐式鐵道大飯店也開業營運，餐廳內喫茶或喝咖啡，一人二十錢。圖為鐵道飯店明治45年廣告，呈新藝術風格設計。

▲ 鐵道飯店內所舉辦的婦人名片交換會

長，但也適逢國內外交通轉運大站，迎來送往占盡地利之便，加上很多日人社交團體都選擇此處的設施用餐或舉辦聚會，鐵道大飯店的門面與風評也漸漸爲人所知，如上流官民階層「土曜日」社團每星期六會在此用餐開會，或如美術家石川欽一郎邀請日本繪畫前輩三宅克己來臺旅行，並在鐵道飯店舉辦爲期三天的個人畫展。

第一回臺灣南部物產共進會觀光團

　　臺北物產共進會後的共振效應，似乎也激起臺南廳接辦南部物產共進會的企圖心。就在南部物產共進會舉辦前一年，臺南廳趕建宴會場、主展場之池亭、賣店、飲食店、待賓館、演藝館、餘興大舞臺、特設館、物產陳列場、廣告塔、大旅館、新設和式與洋式旅館等建

物，並且動員主要商店街以花燈造街。明治44年2月1日始，為期三個禮拜，聯合臺南、嘉義、阿緱三廳以及臺中、南投兩廳之甘蔗特產正式開辦。在宣傳方面，為解決交通運輸旅費問題，主辦單位直接與鐵道部溝通減價措施，期以低價策略勸誘觀光客，展覽期間倒也吸引各地觀光人潮組團參加，如日本團、香港團、臺北貴婦人觀光團、鐵道大飯店招徠的南部觀光團、鐵道部號召各大城市組成特別夜行列車觀光團、各地學校修學旅行團、臺北上流官民觀光團等旅行團體，而其中更有因懷柔化導之政治意圖所組成的原住民觀光團，如嘉義廳達邦社及中埔竹頭崎兩支廳「蕃童」學校生徒；臺東廳馬蘭、卑南、知本、太麻里、都蠻、傁荖漏「蕃童」；阿緱、嘉義、臺中、臺北廳下「蕃人」等。在此次前所未有的大型共進會會場內，有六、七十處的飲食店、賣店與戲場，場面連綿數町，包括有水果店、雜貨店、淺草名產、貼花工藝、煙草、啤酒、眼鏡、奇幻館、臺南大舞臺、臺灣料理、菓子店、飲食店、麵店、雜耍、玩具店、印刷品與手巾指南、汽水與冰店、傳教士攤位、動物園、球類遊戲、藥攤、盆栽屋、幻影真景、空氣枕、空氣槍等等五花八門的攤商。

喝咖啡的特殊空間 —— 鐵道車廂、郵輪和空運

　　明治45年鐵道部臺北工場生產了兩輛附設新式食堂的客車，6月1日起在縱貫鐵道的直行列車上供應一、二等乘客使用，並於大正元年起加掛通行於基隆打狗間的夜行列車，是年度還有四輛食堂客車在臺北工場趕工製造。附食堂的新式客車內裝主要區分為客室、食堂、料理室、服務員室及洗手間，客車的座席有十八位，每排可坐三人，

一區對坐為六人，共乘十八人；而食堂則供八人入坐。每區座席內設有吸頂燈和電扇，還有電鈴可直達服務員室。車廂走道僅留一側，可供通行或觀賞窗外風景。料理室有冷藏庫、料理臺、廚櫃等設備，堪稱一應俱全。大正12年度起，也開始有三等食堂客車加掛行駛。

昭和9年度，其中四輛一等食堂客車進行改裝，變成客室座席十二人、食席十一人。到了昭和11年度，三輛附食堂的一等客車被改裝為完整的食堂車，變成列車上單純的用餐空間。

▲ 明治45年，新式一等列車食堂車廂，有對坐座席、吸頂燈及電扇。

作家龍瑛宗短篇小說〈邂逅〉，解構自己在〈植有木瓜樹的小鎮〉中幽晦的心理掙扎，換以論理的方式，試圖攤開來說，皇民化運動運行的幾年來，臺人在殖民文化下的矛盾處境。文中描寫的昭和16年元旦，兩位同庄青年，一是庄裡的首富之子楊名聲，一是得過文藝雜誌小說佳作獎的青年劉石虎，在臺北火車站的列車內相遇，搭乘的就是附食堂的三等客車。楊名聲丟下妻子，帶劉石虎進到餐車，高興地說：「坐在這車廂，比一等車還舒服了。」也不問劉石虎，就點了

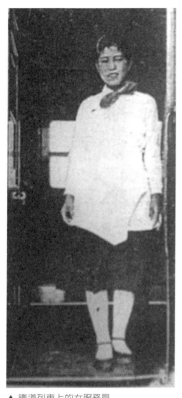

▲ 鐵道列車上的女服務員

▲ 昭和5年，超級列車燕子
號食堂車廂內的女服務員。

兩杯咖啡。後來又追加兩杯，結帳時咖啡費總共六十錢。這場三等列車上的邂逅，對庄裡的仕紳楊名聲而言，與劉氏喝咖啡只是不想站著乘車，並且可以打發無聊的時間，對劉石虎卻是有無臺灣文化的苦澀辯證，彼時餐車上的咖啡一杯十五錢。

　　日本統治臺灣後，將臺灣產業開發納入日本經濟圈。為達此目的，而積極進行臺灣島內的縱貫鐵路興建、基隆與打狗的築港工程，以及總督府的海運命令航線的補助與網路建立。明治39年以後，臺日之間的貿易往來日漸發達，船隻航運量、總噸數與進出船隻皆逐年增加，大正14年航行基隆神戶線的命令航路，八千噸級的船隻有大阪商船的蓬萊丸、吉野丸、扶桑丸，三年後的昭和3年，八千噸級的船隻

除大阪商船的蓬萊丸、瑞穗
丸、扶桑丸，又有近海郵輪
的吉野丸、朝日丸、大和丸
等三艘新力軍加入，昭和15
年後臺灣定期航運的旅客數
量皆超過十萬人。

▲ 臺日航程中的一般商船內部，典雅時髦。

　　1920、30年代臺灣議
會設置請願委員往來臺日，
多數搭乘蓬萊丸或扶桑丸。而昭和3年，林獻堂環球之旅從日本返臺
亦是搭載蓬萊丸，巧合的是，回到臺北的歡迎會地點蓬萊閣，也與
「蓬萊」之名相關。

　　辯護士陳逸松在大正9年夏季成為小留學生，東渡日本留學，搭
乘的則是信濃丸郵船，他回憶乘客的艙位分為「頭等艙、二等艙甲及
乙、三等艙三個等級，票價懸殊，頭等艙是三等艙的三倍價錢。⋯⋯
三等艙有百來塊榻榻米那樣大」，而三等艙的乘客必須用自己攜帶的
行李圍出睡覺用的「地盤」。

　　至於預定往返臺日的豪華型輪船高千穗丸，昭和9年1月竣工
後，素有政治社會運動的守護者陳逢源，曾受邀上船進行巡臺一周的
記者團試乘招待，當時對郵輪的船艙有最新的一手觀察：

　　然而果真進入船艙，首先油漆的氣味撲鼻而來，立刻使你的情緒跌到
谷底。我比女人還要脆弱，在船上更是如此。這是因為有免不了會暈船的
觀念，但不愧是一艘氣派的船，處處可說是滿分。其中我們記者團所在的
二等甲板的吸菸室特別漂亮。一等的大房間是明亮的文藝復興式的裝飾，

但卻引不起我的興趣；二等甲板有像是模仿西班牙古風的雅典廳堂的房間，天花板雖然很低，照明似乎幽暗，但卻顯得意外明亮。如果船能平穩的開出海，油漆味能消失，那就萬事OK了。

　　後來，高千穗丸在戰爭期間（1943年3月19日）受美軍潛艇魚雷攻擊而沉沒於基隆外海彭佳嶼東北方，造成一千多名的乘客與船員罹難。

　　大正時代末期，往返臺日的郵輪吃水量都在六千到一萬噸級間，航程時刻表為每月的1、4、6、8日正午，從神戶出發，翌日一早抵達門司，同日午後四時再從門司發船，航行兩天一夜後入抵基隆港；往日本行程則是每月的1、3、6、9日下午四時從基隆發船，兩天後的早上抵門司，同日正午再由司門出發，隔天一早著陸神戶。

▲ 大阪商船高千穗丸船艙內裝格局，採古典樣式。

　　香取丸建造於大正2年，原行駛於日本與歐洲間，日本侵中後，昭和14年改爲行駛臺日間，戰爭擴大後徵調爲運輸艦，昭和16年在婆羅洲附近被潛水艇擊沉。在短短兩年的臺日航程中，猗蘭吟社詩人李怡庭曾留有〈赴京於香取丸作〉一詩，即當時人在香取丸上將靠岸的心情寫照：

　　春訪神州萬里程，吞鯨巨艦等毛輕；
　　錦檣風細聞鷗集，銀海波微夕照明。
　　水色溟茫生暮色，船聲衝動挾潮聲；
　　蓬萊浪說飛仙渡，我亦遙遙向帝京。

　　昭和15年4月27日土曜日（星期六），航行日臺間的郵輪香取丸，那天菜單上所提供的早餐有：

　　水果　生菜（園藝蘿蔔　春季洋蔥）　燕麥牛奶
　　檸檬油炸鮮魚　燉小牛肉　咖哩飯　馬鈴薯

　　另外需預訂的主餐比較費工，計有：「碎絞肉排；蛋（炸，煮，加牛油或牛奶）；軟煎蛋卷（原味，蕃茄，起司；烤火腿，燻肉」。還有點心類與飲料：

　　熱點心（燕麥粥）　西洋點心（皇后鬆餅）
　　蜂蜜　果醬　日本茶，紅茶，咖啡，可可亞

▲ 香取丸內早餐菜單，昭和15年（林德龍藏）

此種等級的菜色，或許唯有貴賓室或一等艙的乘客享用。如今能目睹具體的菜單，也算彌補了過去歷史上的香取丸，在三天兩夜航行中的飲食記憶空白，平添了臺日航線旅途中的另一層想像。

此外，淡水河系也曾短暫出現一些特殊的飲食空間，如飲冰棚屋，或川端町新店溪岸有納涼茶屋（待合茶屋），如清涼亭、樂水、新茶屋、紀洲庵、川屋敷等。後來更出現了維繫於河邊的「日式酒菜船」，可供客人吩咐酒菜與藝妓，也有船上飄揚著爵士音樂，可與舞女共舞，「始政四十周年臺灣博覽會記念臺北遊覽案內」地圖內，萬華淡水河畔即有兩艘酒菜船出沒。甚至一度曾有艘大型的兩層樓酒吧船「剛都拉」（ゴンドラ）停泊岸邊，船上有女服務生，播送西洋音樂，供應西洋料理與酒，但後來遭颱風摧毀，造成船上本島人員工與日籍女服務生、老闆娘等數人死傷的慘劇。

昭和8年2月官方公告徵收臺北松山庄頂東勢一帶為臺北飛行場用地，翌年7月25日經內臺試飛後，預定昭和11年1月開始一個禮拜三次往復的定期飛航。不過昭和10年適逢「始政四十周年記念臺灣博覽會」，總督府乃與日本航空輸送會社在昭和10年10月27日至11月6日聯合舉辦「航空促進遊覽飛行」活動，其中搭乘的女性乘客中也包括咖啡屋以及酒吧的女服務員。昭和11年3月30日臺北飛行場正式

啓用，成爲臺灣島內第一個國際機場，日後飛航的安全問題、島內東西部航班以及服務品質陸續被提出討論。日本航空輸送會社首先改善了機場服務與便當餐飲，在臺北飛行場安置一名地勤服務小姐，並且免費招待咖啡。在臺灣開啓世界航空運輸的同時，在機場候機室內，咖啡也被當成是一種高級的國際性飲料享用。

明治時代的結束

明治45年7月22日報導臺北洋食屋日漸激增，但老牌洋食屋的經營卻有疲軟跡象。以前雖有臺灣樓、明治樓、衛生軒、二明館等一時的成功，後來明治樓早早收掉，經過一番修繕後，從明治31年5月後以攝氧軒之名開張重新營業，據稱可承辦西餐宴會以及外賣送達等；以年糕紅豆湯博得盛名的府前街角的不倒翁，也修繕二樓，聘用有本事的廚師做起了西餐生意。而其他如二明館改爲玉山亭後，不久也廢業；臺灣樓、同盟軒經營遭遇頓挫；衛生軒也步上後塵；一陽軒、西洋軒人去樓空；不過八仙亭、紀洲庵、改陽軒、喜樂亭等新店如雨後春筍般開設，除了鐵道大飯店外，斯時臺北可用西餐的洋食屋共有十七間之多。只不過本島臺人仍習慣喝粗茶，可能大多數人連咖啡是「啥咪碗糕」都搞不清，當然也沒幾戶人家能吃得起昂貴、稀罕的西餐了。

當天除了洋食屋的消長報導，最重要的政事新聞就是明治「天皇病篤」。在日本全體國民的關注下，直至7月30日凌晨因心臟麻痺而亡，同時宣告了明治時代的結束。

▲ 昭和11年，辰馬商會結合飛行及可爾必思飲料的廣告，現代感十足。

大正年間的
文化咖啡屋

大正時代咖啡的消費與生產

大正咖啡消費文化的普及

　　大正元年（1912）9月13日明治天皇安葬，隔日曾任臺灣總督的乃木希典大將與妻子靜子共同殉死。明治時代在報紙媒體與電影院影片全面播送乃木大將的葬禮中昇華結束，大正時代紀元正式開啓。

　　大約同時，東京都的街頭開始出現專業經營的咖啡店，如「スプリング」（春天）、「ライオン」（LION，獅子）或「パウリスタ」（PAULISTA，聖保羅人）等專門店。特別的是，當スプリング（春

▲ 聖保羅人咖啡館複刻版手提袋上復舊文案

▲ 至今仍在日本銀座開業中的百年老店聖保羅人咖啡館

天）咖啡店還在販賣要價十五錢一杯的咖啡時，パウリスタ（聖保羅人）仿照歐美五分錢的消費，已將咖啡定價一舉下殺到每杯五錢，另外點心也是平價五錢推出，讓原本價高難攀的咖啡，頓時成為大正時代的消費大眾最普及的日常西洋飲料之一。明治25年度，日本木匠每天的工資是二十七錢，米十斤六十七錢，雞蛋一公斤二十一錢，喝一杯咖啡卻需索費十五錢，一般貧賤百姓根本喝不起。但另在臺灣島內，其實歐風茶館西洋軒早在明治年間已懂得因地制宜，將咖啡等西洋飲料價格訂於一碗五錢，不過直到明治35年時，從一石米平均約七圓（700錢），一個雞蛋約十三錢的物價指數上來看，喝咖啡仍屬奢侈。而大正初年在日本國內能夠將咖啡價格壓到五錢如此低價的靈魂人物，除了「咖啡安」商用濾泡咖啡設備的普及，另外則不能不提到PAULISTA咖啡館株式會社老闆水野龍。

日本農民移民巴西種咖啡始末

パウリスタ咖啡屋的老闆水野龍，一手創立皇國殖民合資會社，明治41年（1908）將第一批日本移民781人引進巴西的聖保羅州，以後陸續進行了十次巴西移民，總計把3,747個家庭、1萬4,886人送入巴西。移民巴西的日本農民，大部分在聖保羅的咖啡農場工作，水野龍也因此獲得巴西政府每年7,215袋、每袋70公斤裝，供應長達三年之久的無償咖啡合約。水野龍會經營パウリスタ咖啡屋，並熱衷巴西咖啡的宣傳以及拓展銷路，其中一個理由，即是那些回饋的無償咖啡豆，正是他送去巴西的移民所栽種的咖啡。

パウリスタ咖啡屋初創時期，打出「如鬼那樣黑，如戀愛那麼

甘，如地獄那般熱的──珈琲」廣告
語，去「銀BRA」（銀座パウリスタ）
喝一杯五分錢的咖啡成了當下超夯的流
行文化。慶應大學的學生們如小泉信
三、久保萬太郎、佐藤春夫、堀口大
學、水上瀧太郎、小島政二郎等人，
每每流連在パウリスタ，其中在大正
9年6月來過臺灣旅行的名作家佐藤春
夫，還寫下他們這批年輕人口中的「銀
BRA」經：

おかげさまで
もうすぐ100周年

鬼
の
如
く
黒
く

戀
の
如
く
甘
く

地
獄
の
如
く
熱
き
コ
ー
ヒ
ー

カフエーパウリスタは明治42年（1909年）の創業
から、まもなく100周年を迎えます。コーヒー
飲用の習慣が無かった日本人にコーヒーを普及
すべくパウリスタの先人たちは苦労しました。
「鬼の如く」は「今日は帝劇明日は三越」と並
んだ大正ロマンの広告の名作です。

▲ 聖保羅人咖啡館一百周年廣告文宣品，
也是其草創時期的廣告語。

　　在慶應大學裡，抓個伙伴，連商量
都沒有，首先腳就自然一起朝向新橋的方
向。在眺望了東站候車室中短暫休息的旅客們之後，便到パウリスタ去，
咖啡一杯加上甜甜圈，任你翻看雜誌，隨意打發時間，學校來的伙伴逐漸
多了起來。他們都是剛上完正規課堂的高年級生。走出芝公園，經過新橋
東站候車室，所謂的パウリスタ，也就成為我們的「銀BRA」定期路線。

　　當時的銀座大街更是摩登男女不可不去的朝聖地，大正摩登女
蓄短髮、畫眉毛，並且以條紋的洋裝、挑逗的短裙打扮，身材不胖不
瘦，稍稍挺起胸脯，走起路來煞是好看；摩登男則頂著往後梳的髮
型、配上一副賽璐珞眼鏡，打上帥氣的領帶，穿著水手西裝褲，揚起
下巴，一副高傲不可一世的模樣。追求新奇的摩登男女，「蜂擁而至
パウリスタ珈琲店，一日就喝了四千杯珈琲」。

　　而以平塚明子爲中心，穿藍色長筒襪替代黑絲襪，來主張「女性的解放與自立」的「青鞜派」女性文學家集團，與謝野晶子、高村智惠子、伊藤野枝、尾竹紅吉、神近市子、田村俊子、松井須磨子（女演員）、宇野千代等人，也聚在パウリスタ二樓的女性專用喝茶包廂裡一起喝咖啡，一面則熱烈討論並鼓吹日本女性解放與自立。

咖啡農移民之路

　　喝咖啡很時髦，做爲公共場域的咖啡館也提供了自由思想萌發與討論的空間，但咖啡農移民之路並不如一般人所想像的這般美好，到巴西如此之艱辛，到臺灣也不容易。臺灣官營移民村如花蓮的吉野

▲ 今壽豐豐山地區的咖啡園

（今吉安）、豐田（今壽豐）與林田（今鳳林），分別在明治42年至大
正6年間設立，豐田村的命運多舛，大正元年移民村開闢之初即遇上
大暴風雨，將原本新完工的茅草屋、道路、耕地、溝渠等建設全數毀
損；大正2年才稍微恢復村貌的農民又遇上瘧疾傳染病，半年間即約
有六十人過世；大正3年又遭逢兩次颱風，洪水沖毀民宅、耕地與道
路，農民眼睜睜的看著心血被洪水帶走；以後總督府雖築河堤改善，
不料大正6年又因颱風肆虐，造成民宅九十戶半倒、二百四十六戶全
倒、耕地流失三十甲的損失。幾次的天災，有人死亡、有人離開、有
人逃亡或改業，更有人堅持打拚。其中有一日本農民船越與增吉，曾
在海外待過一陣子，很可能聽聞過水野龍事蹟，於是在臺灣招募移民
後，一股傻勁的跑到豐田村，別人種甘蔗、水稻，他卻種咖啡。

▲ 吉野（吉安）宮前的山腳下森本原三郎咖啡農場，約今日吉安大山地區。

大正6年後，船越氏除了專研咖啡種植技術，越種越有心得，還遠從夏威夷移入優良品種推廣，直到昭和4年總督府殖產局調查時，豐田村已有數十戶農民投入咖啡種植，如大平部落（今豐坪）的船越氏本人；森本部落（今豐裡）的增田卯八；山下部落（今豐山）的池部章光、大西萬吉，乃至於吉野地區的森本元三郎咖啡農場。

▲ 花蓮豐田船越與增吉的瑞珈園咖啡豆品牌

船越氏還熱切的將採收後自家產的咖啡豆，命名「BEST COFFEE大日本臺灣產珈琲」，做好包裝，打上「瑞珈園船越製」商標，把樣品寄給橫濱市中區吉田町的米屋號老闆柴田文次，以及遠在夏威夷的弟弟，所得的評價雖僅相當於中等的進口豆，但也因此引起米屋號的購買意願，希望未來以帶殼豆每百斤八十五圓、去殼豆每百斤九十五到一百圓的價格收購。因為船越氏的努力，或許埋下了米屋號老闆柴田文次以後選擇臺灣為咖啡事業地之一的遠因。由於柴田氏本人在日本實際參與巴西咖啡銷路的推廣，為咖啡大眾化而努力，最初於大正9年時，在橫濱市吉田町的米屋號商店內創立木村咖啡店，後來還推出 KEY COFFEE 品牌，經營咖啡自家烘焙品牌並販賣咖啡，最後成為知名的國際品牌。柴田氏經過兩年的長期考察，終於在昭和8年來臺籌設木村咖啡店嘉義農場，以後還遠赴臺灣東部開闢咖啡農場。

此外，更早在昭和3年12月，花蓮港廳農會也曾寄了豐田村產的咖啡給當時銀座パウリスタ咖啡屋店主、大名鼎鼎的水野龍，可惜樣

品豆數量過少，且是帶殼豆，パウリスタ公司無法判斷，在回信上，
對豐田村的咖啡豆價格過高則稍有意見：

　　拜復先前承照會關於咖啡一事，蒙寄樣品及書面信件，至為感謝。立
即試用，只是由於量少，因而看不到完全的結果，大致上適合大量使用。
以上。

　　原種多半屬阿拉伯（按：阿拉比卡）種，中美洲、夏威夷產、阿拉伯
產、巴西產、哥倫比亞產等，不知貴單位使用何者？外表上，中美洲及夏
威夷產相似；烘焙後近似巴西產者，但香氣似乎稍稍降低。總之，所謂的
原種者是有相當的變化的。

　　以上的咖啡做為飲料的品質，比較優良的，在生豆調製上也可見到
一些小缺點。第一，帶殼在當地幾乎是不可能交易的。外國原料全部要脫
皮，當地的工廠裡沒有脫皮所需要的特別裝置，因為脫皮會削減五分之一
的重量等種種不便。再者，烘焙加工之際，多所耗損，不明原因如何，尚
需深入調查。最後，價格一升一圓左右，乃為向來之慣例，以一斤為準，
外國原料每百斤（六十公斤）含十五圓十錢的輸入稅。每百斤一袋，當地
價格從九十圓左右到一百零五、六圓左右。例如爪哇產的羅布斯塔咖啡，
一擔（一百零二斤半）七十五圓以下。此處所說的當然是已脫殼者，貴地
產如前幾天所寄達的樣品，價格似乎過高。

　　還有，我方若要進一步做完全試驗，至少必須使用百斤以上。關於價
格及其他，尚盼更詳細賜知。其次有關本年的收穫或概算，及貴地的消費
狀態等，若能蒙一報，則幸甚之至。

　　專事奉答，勞煩之處兼程拜託　謹啟

笠山農場的黃金夢

　　作家鍾理和的寫實小說《笠山農場》中，農場主人「劉少興」偶然買下某會社的農場笠山，繼受生意上往來的日本友人的煽動，說日本每年進口的咖啡如何大量、咖啡貿易的利潤多麼可觀，又舉巴西移民種咖啡的成績為例。劉少興在一知半解下，既不是種樹，也不是種稻子或番薯，而是種起咖啡來。但什麼是咖啡？農場的人「不但沒有見過，甚至連聽也沒聽過，那名字唸起來就怪彆扭的」。農場雇工第一次看見咖啡苗，問起：「這就是咖啡？」農場主人的兒子以輕鬆的口吻說：「對了，這就是咖啡。你別看它不夠神氣，將來它可會長出金子來呢。」

　　鍾理和描寫自身家族在1930年代種咖啡的春秋大夢，奢想著未來收成的咖啡就是亮晶晶的黃金代名詞，但努力經營幾年後，笠山農場的咖啡染上本島一度流行的銹病，結局終以失敗收場，當初聽聞此

◀ 吉野（吉安）山下森
本原三郎咖啡農場

種經濟作物可獲利頗豐，僅以懵懂的認知來投入咖啡的種植，實屬不智。

人口販賣與異俗奇觀的汙點

　　大正15年4月2日，以「現身在銀座的生蕃少女回來了」為標題，報導了曾因受前臺灣警部補下山治平的「誘騙」，以致淪落東京街頭，輾轉於遊廓及咖啡店的兩位臺灣原住民少女：十八歲的タッバシタナ與二十三歲的ボケヘノーミ，終因傳教士井上伊之助的救援而獲救並搭船回臺，而兩少女最後現身的地點，無巧不巧的即是銀座的パウリスタ（PAULISTA）咖啡店。パウリスタ店內原本一律聘用男侍者，穿上一襲仿海軍服飾，白色上衣、鍍金鈕扣、著半短褲，並以英語替客人點餐，完全一味的洋派服務作風，著實讓一些藝文作家與文化相關人士沉迷其中。而咖啡館聘用兩人，一方面雖有救濟的舉動，但雇用臺灣原住民少女做為女服務生，原就冀望以「奇風異俗」吸引顧客，也是不爭的事實。以致日本《南報》訪問了當事人的感想，兩女不禁感嘆地說：「繁華的帝都，是真可令人留戀的，但是那地方的男子們卻很薄情，恰像交尾期的犬的樣子。」

　　不過根據下山治平之子下山一的回憶，其父親當初在埔里贖回從事賣春的兩位原住民，原本打算帶回日本東京讓兩人在籌設的泰雅族文物館內，穿著泰雅族傳統服飾擔任展售員，結果因資金不足，加上下山氏在日本的生活困頓，無奈讓兩位原住民自願到日本的風化區工作，也因此鬧出了後來的醜聞。

　　兩名原住民少女回到臺灣後，總督府沒有浪費時間，隔日立即在

臺中物產共進會中，安排兩人成為蕃族館獸肉賣店的示範招待員。新聞大肆報導「從五光十色的世界回來的蕃女，來到蕃族館不一樣了，笑容可掬」，「兩個少女都穿著水色楚楚的洋裝，濃厚的化妝，惹人眼目，已經看不出是深山裡的蕃女」，觀眾為了一睹「丰采」，把會場擠得水洩不通，還必須仰賴警察來疏導交通，結果是對兩女的二次傷害，總督府仍舊將原住民當成可供觀賞的「樣本」，兩位原住民女性的命運並沒有因為回臺而得到改善。此種情況也發生在臺南，有能高郡埔里社的原住民少女遭受不人道的對待，奉母命被逼為娼，「到新町玩春園賣笑，但額上有刺紋字，實屬奇異可觀，一般市人爭欲往觀其異，不時遊客常滿云。」

▲ 剛從東京脫困的臺灣原住民少女返回後，隨即被安排至中部臺灣物產共進會「蕃族館」工作。

歐風咖啡屋公園獅

臺北新公園內公園獅「ライオン」的創立

　　日本一股興設西洋料理輕食與酒類結合的咖啡店之流風吹向了日本殖民地臺灣後，新開業料理店新聞也常散見於報導中。大正元年11月29日《臺灣日日新報》刊載洋食屋開業報導，新起街「蓬萊樓」、「いへも（家也）」；艋舺舊街有「松花樓」、「祝山亭」。更值得一提的是同版公園獅開店報導的消息，披露此店將於12月1日當天開幕，篠塚石板瓦商行店主篠塚初太郎氏（也擔任臺北消防副組長）更大手筆挾巨金一萬餘圓日幣，投資新建「ライオン」（公園獅）一店。而就在兩天前，即11月27日的新聞中，不論公園獅的格局或販售商品皆有極鮮明的描寫：

　　「公園獅」的構造，是一棟頗為時髦的西式建築，建坪六十五坪多，上樓螺旋的梯子鋪有絨毛毯，有一間約五坪大、視野絕佳的房間。樓下的客廳約四坪，旁邊是十八坪的酒吧，其側另有二間半及四間大的客廳，這裡設有暖爐、餐桌、椅子、窗簾、匾額等一應俱全，一派時髦的風格，洋酒、日本酒，種類應有盡有，有賣整瓶的，也有論杯賣的。此外，從日本茶、烏龍茶、紅茶，到咖啡、巧克力、可樂類的飲料，亦無一不備，就連散步客的早餐、午餐、點心，也不用愁。

　　話說公園獅的開設純屬一場意外，回到明治44年當時，臺北井村

廳長對新公園開園後的來客數與使用率不高，非常苦惱，一天在公園內散步時巧遇篠塚初太郎，並詢問他為何市民不來公園遊玩？篠塚回答說，那是因為單單只是設置公園，卻沒有吸引人的設備，當然沒有人會來。公園須要飲食行為平常化、遊憩氣氛簡便化，而且更是大眾的、正面的，各自撫慰自己的心靈疲勞的一個歡樂地，也因此篠塚氏建議在此地開設咖啡屋。再加上與總督府有良好關係的御用商人三好德三郎的意見，大正元年「公園獅」就這樣在新公園內創立。

公園獅開幕園遊會

公園獅為了正式宣告開幕，店主篠塚籌畫了一場在12月1日舉辦的園遊會，招待數百位的來賓。當天上午十時首先施放煙火，除了將來賓引導至休憩室饗以茶點，也在公園內設置模擬店攤位。當日還有臺北藝妓管理所的一百多名藝妓擔任女招待員，園遊會因逢星期日，客人擠爆公園獅，給公園帶來熱鬧的盛況。自從園遊會打響了公園獅的名號，有越來越多的官方的或民間的「風雅人士」光顧公園獅，成為死忠的常客，而且只點一杯咖啡或一杯牛奶的客人有明顯增加的趨勢。店主篠塚很高興，於是在開幕一個星期後，提早在每

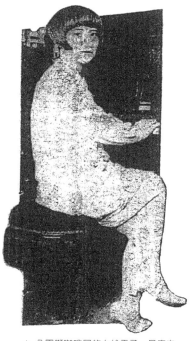

▲ 公園獅咖啡屋的女給雪子，是店內名氣最高的女給。

天晨間六時半起開始營業，咖啡一杯定價八錢；牛奶加糖則大降價，一杯七錢，皆供不應求。

　　去到公園獅用餐的客人，飲料不僅有咖啡，且有其他更多選擇。此外，公園獅聘用擅長烹調法國及其他各國菜餚、曾經擔任佐久間總督主廚的長谷川氏，推出純法式西餐，而且價格上更具競爭力，與鐵道飯店相較起來，平均一道菜皆便宜五錢。公園獅的地點與同在公園內的臺北俱樂部相鄰，開幕後遇有大型宴會，甚至還可借用一旁的俱樂部餐廳。臺北俱樂部除了大餐廳，內部還有展場空間、撞球桌、圍棋、將棋等休閒設備，大正2年12月19日還曾一連三日舉行全島撞球大會。

公園獅的評價

　　大正2年9月30日、10月2日兩天，有位自稱「社の人」的報社記者，寫下比較「臺北獅」與「銀座獅」兩者的異同觀感，說「臺北的『獅子』確實不容懷疑是銀座者的仿造物」。不過優勢在於公園獅位於公園內，除了有閑靜之趣，還有如同法國沙龍般可供「密會」的西式房間，這點令人高興。但緊接著口風一轉，完全展現了記者另一面毒舌的功力，他說，銀座獅與公園獅兩者：

　　明顯看得到苦心經營的痕跡，這一點極為相似，然而「獅子」女服務員的圍裙穿法卻不搭調。穿著同樣的衣物，為何會出現這樣的落差呢？我想了種種的原因，總結就是好像農夫第一次穿西裝一般，它似乎與身體的構造有很大的關係。說到此處的女服務員，怎麼看都像一群聚集在一起的

小烏龜，腰圍粗得有夠誇張，胸部是船塢胸，整個人又矮又胖，根本顯現不出圍裙的型來。縱然如此，還裝模作樣，一點都不可愛，雖然裡面的單衣連花紋都與銀座珈琲獅一樣，值得好好研究。但是公園獅當真有去模仿對方嗎？沒有。所有顯示沒有一項與對方相同，雖然如此，還是應該讓公園獅的女服務員去考察一下對方才對。

至於餐點方面，「社の人」繼續說到：

上等飯菜，銀座的珈琲獅是一圓五十錢，臺北的公園獅是三圓；中等以下就不再講究材料的好壞、調理的巧拙，一盤彼此都相同，都是二十五錢。原因在於此處是臺灣，比較的單位不同之故。但是也不能一概而論，有餐桌卻無菜單，一開口問「有什麼餐點？」前面提到的小烏龜服務員突然進來。誠惶誠恐地拜看了菜單，上面的餐點少得令人吃驚，那種貧乏的菜單也拿得出來。同一樣菜我是不會滿足的，終於把端上來的餐點吃完了，一個星期內恐怕沒有勇氣再踏進來。連一道最起碼的火腿蛋都看不到，號稱的西餐全是以黃油煎了又煎，在熱帶地區的夏天，對腸胃不好的東西全面禁口，如今根本一點也使不上力。

餐巾方面，臺北公園獅用的薄紙片，很容易被電風扇吹飛；銀座的珈琲獅用的卻是厚厚的布巾，每次的清洗費便是一筆相當龐大的費用。這樣一來，賣高貴餐點要如何比較呢？還有室內與桌上的裝飾也是少到不能再少。一張名畫、一張照片都沒有，甚至到了連毛刷也沒有準備的程度⋯⋯

銀座的獅子咖啡屋為日本精養軒與食品中盤商明治屋合資設立，走的是唯美豪華風格，有美人女侍、有絢爛奪目的裝飾與構築，樓上

陽臺還有泥塑的石獅子做爲象徵標誌，而公園獅僅能模仿其皮毛，以致評價不佳。在記者眼中唯一可以彌補的優點，則在於推開公園獅的窗子，就能看見蓊鬱的公園景觀。爾後記者點了餐點，等待出餐的期待心情，旋被出餐怪鈴聲打壞了興致：

> 餐點完成出餐的告知，咯啦咯啦的聲音非常刺耳。一想到當地人的豆腐要如何享用，興趣就來了。但無論如何，此處還是以銀座珈琲獅美妙的電鈴聲爲佳。

在飲料方面，酒的種類齊全，只可惜沒有東京流行的瓶裝啤酒：

> 從葡萄酒、白蘭地、苦艾酒以下，一直到薄荷酒和柑桂酒等無一不備，但由於生啤酒廣告的出現，緊接著臺北也隨之一變，馬上就想點來喝喝看。在東京則是一般商店開始賣汽水式瓶口的啤酒，全面取代了軟木塞式的啤酒。至於活栓式啤酒桶就讓銀座珈琲獅源源不斷的流出新鮮醇美的生啤酒，這一點臺北的公園獅不得不屈居下風。

最後總結來說，「社の人」還是要感謝公園獅主人篠原君，在臺北開設了較之東京而言，仍屬上等的餐飲店。

不過在「社の人」的評語之後，隔天10月3日另有一位「凹公」雖略表同意，但也有不贊成的部分，他認爲：

> 公園獅的名稱誠然滑稽，但按理說，以適合南國的珈琲屋樣式的料理店，能夠出現於公園之中，原本是甚爲難得的，然而更進一步思考，如果

沒有雜亂無章的建造小房室就好了。

　　餐點的數目（種類）沒有不足，即使火腿蛋那種東西沒有在菜單上，我相信隨時都可以做出來。若光強調數字，那麼除了（鐵道）大飯店外，根本沒有一應俱全的地方了。苦艾酒、法國葡萄酒、甜香酒之類，能夠事先扭開酒罈之栓，就應該值得稱讚了。

　　「凹公」個人以為不足之處，主要在於「就是紅茶、咖啡、麵包奶油的味道不佳。這些缺失使得咖啡屋的價值減半，大飯店也是一樣」。其次，沒有善用熱帶地區幾百種的香料，做出一道美味的咖哩也是一大遺憾。此外，「凹公」還認為公園獅有絕佳的地利之便，更期待能做出菜色更多的中國料理。

　　接著「凹公」話鋒一轉幽默的說，他並沒有要「點」女性的腰身或圍裙的穿法，只要能夠改良料理的做法，那就真的值得由衷感謝了。最後，他看見有三三兩兩來到的外國人，點上一杯威士忌蘇打就可打發漫漫長夜，也有點了兩次菜仍不滿足的本地的紳士們，覺得公園內能有這種平民的、開放的咖啡屋，是非常難得的一件事。

　　相隔一個月後，大正2年

▲ 大正2年公園獅咖啡屋的新年廣告

新春元旦，臺北公園ライオン（公園獅）刊登了一則店面形象廣告，宣傳新年新氣象，其版面中分為二，右側印有「臺北西門外三丁目（電話一六二號）篠塚石板瓦商行 店主篠塚初太郎」，左側則列有典雅的懇請詞：

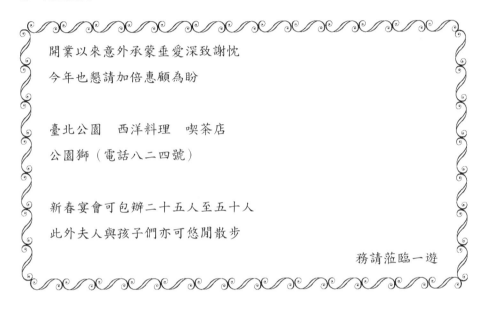

開業以來意外承蒙垂愛深致謝忱

今年也懇請加倍惠顧為盼

臺北公園　西洋料理　喫茶店

公園獅（電話八二四號）

新春宴會可包辦二十五人至五十人

此外夫人與孩子們亦可悠閒散步

務請蒞臨一遊

公園獅新增營業空間

不久公園獅便成為藝文人士與同鄉社團經常聚會的場所，如2月2日下午七點起，每月一回的「臺北番茶會（粗茶會）」即假公園獅聚會，發起人是美術家石川欽一郎，與會人士據說有建築家、法律家、醫學家、興趣玩家等，集會當日每人只需支付五錢，便可成為會員，除了吃喝茶點，有時也會不定期舉辦各類演說或美術展覽會。大正2年3月30日，番茶會即在公園獅舉辦足立參謀長送別臨時會，當天的

臨時會，石川欽一郎也帶來數張南部旅行寫生的參展畫供會員欣賞。

另外，大正2年6月26日，人類學家森丑之助在第三小學（今臺北南門國小）的「關於臺灣蕃社」演講之後，下午六時臺灣博物學會會員為他舉辦的送別會也在公園獅。大正3年2月間，石川欽一郎邀請繪畫前輩三宅克己前來臺灣旅遊與開個展，抵達當晚即是番茶會的聚會日，三宅克己記述說道：「前往參加之會員包括官吏、商人、宗教家、學者、新聞雜誌記者以及畫家齊聚一堂。」現場的氣氛則是「大

▲ 定期在公園獅舉辦的番茶會成員，小型鳥居入口前中立右者為畫家石川欽一郎。

家歡聚一起吃煎餅喝粗茶，談些輕鬆趣味的話題」。

　　公園獅經營將近兩年後，生意興隆漸入佳境。大正3年底，公園獅店面空間逐漸不敷使用，於是增建爲兩層樓的洋房，樓上大廳建坪五十坪，可容納一百八十人左右的宴會，角落還有餘興舞臺設計，隨時可應付宴會中的表演，並且計畫出租二樓空間舉辦展覽會、箏曲表演或其他聚會，可說是一所非常便利的西餐廳和咖啡茶館。

番茶會與公園獅寫真

　　大正5年8月5日，即將返回日本的畫家石川欽一郎的送別番茶會，照例在公園獅舉辦。該會在之前的2日例會中也提議號召：「一般與石川有交情的都能夠志願來參加，會費是二圓五十錢，出席者到公園獅報名，但僅出席例會者，會費是五十錢，同平常一樣，送別會

▶ 公園獅二樓空間舉辦的攝影展覽

出席入會者，不必再另外繳例會費。」大正2年2月最初創立的番茶會，原以五錢為單場例會茶水費，到大正5年時，已調漲至五十錢。

臺北公園獅的十分鐘印象

大正5年3月，《臺灣日日新報》企畫「十分鐘印象，夜的臺北」系列報導，將臺北的夜間風景介紹給在此地旅遊的觀光客。公園獅在記者「抱夢」的十分鐘印象描繪下，彷彿令人置身在熱帶南國的夢境中，從傍晚到入夜的時分，他是這麼形容公園獅的：

從新公園的西側入口進入直走，有很多梔子花，這邊的草坪上還殘留著連日下雨後遺留的露珠，顯得有些寒冷。不一會兒，微暖的臺灣春天的傍晚，即閉鎖在一片淡紫色薄紗的靄霧中。

樹木間看得到會議式建築風格壁飾的公園獅，閃爍著黃綠色的燈光。陣陣的鋼琴聲傳過來，是女服務員在彈嗎？一首簡單的進行曲反覆彈好幾次。一走進去，各式各樣的酒漂漂亮亮的排成一排，而且還放置一個擺著各種香菸的小櫥櫃。在櫃臺的俊俏女掌櫃，隨時隨地都是一副親切的態度。長著鮮花的盆栽，恰到好處的並列著。在晚餐客人等候區，圍裙繫著太鼓帶的女服務員，一面彈鋼琴，一面眼睛看著樂譜。

記者搶占了一個廳房，打開窗子，看見生機盎然的庭園樹木，這樣的氣息與色彩，怎樣也無法形容此刻的心情，恍惚中，餐點送上來了：

　　冒著熱氣的料理送上來了，立刻回過神來。映著盤子和刀叉的大理石的角形桌子、窗緣以奶油色鑲邊的清爽壁面、天花板金茶色的幕幔，與發黑的紅褐色鏡臺相同顏色的杖臺等，均開始如月夜似的籠罩在電燈照射的光輝中，戶外漸漸暗了下來。夜晚和白晝和燈光和黎明的混合，搖醒了有些許模糊的情緒。

　　公園獅的室內氣氛和聲響，與戶外的花草樹木與氣息，表裡融成一體，讓記者的感觸特別深刻。大正年間的公園獅，依然是臺北咖啡屋界的翹楚，可以說創設之初到大正7、8年左右，是新公園獅最繁華的全盛時代。除了威士忌、白蘭地、苦艾酒、雪莉酒、甜香酒等所有種類的洋酒蒐集齊全，就連美女服務員的挑選與白色圍裙的裝扮都是臺灣空前絕後的創舉（雖然有記者不認同），再加上摺頁菜單的設計……連臺北藝妓來這裡也一律視為客人的平等招待，以及一概「無小費」的服務，也讓新公園獅培養出一大票死忠的客人。

公園獅在總督府新廳舍設立分店

　　總督府新廳舍（今總統府）於大正8年3月竣工，為便利眾多的總督府辦公官員，遂引進公園獅設立分店。依新廳舍的規劃，食堂的位置座落在平面西側，一樓食堂為一般用，二樓局員專用。二樓局員專用食堂又分有第一食堂（樓梯間北側），為高等官專用；第二食堂（樓梯間南側）為一般用食堂，位置與格局和一樓相同。三、四樓原本也設有局員專用餐室，但大正末期已取消。總督府的官員人數大約一千五百人，粗略估算有三分之一約五百人會到食堂吃飯或訂餐。中

午用餐時間勢必人數眾多，公園獅的食堂為慎重起見，將餐廳員工分為點心、蓋飯專門部、飲食、茶房、賣店、洋食等部門。最底層的地階層雖在一樓之下，屬地下室，但仍建在地面之上，食堂廚房有部分設備，不但有大型料理火

▲ 總督府高等官食堂內，大正14年。

爐、冰箱和清洗槽等都設置在此樓層，通用門的中庭甚至還建造了煮飯用的大鍋爐。

　　原訂5月1日開張的公園獅食堂，由於遠從日本內地訂購的餐廳器具還未到達，以致於有記者想要光顧當天的便當卻撲空了。不過總督府在6月17日的始政紀念日當天，仍開放酒場、喫茶室與食堂舉辦夜會晚宴。而食堂開業時間則延宕至8月8日才正式開始，開幕時全面提供特價。

　　食堂的菜色當中以炸蝦大碗蓋飯和便當最為熱賣，其中日本餐點的便當，分為第一種二十錢和第二種十五錢兩種。而蓋飯則有牛肉蓋飯二十錢、親子蓋飯二十五錢、鰻魚蓋飯八十錢、炸蝦蓋飯三十錢等。此外，洋食部的西餐，一盤是十五錢至二十錢程度，其中特價提供咖哩飯、雞肉飯、牛排，價格十五錢；炸魚排、燒烤十二錢；麵包五錢、咖啡八錢；水果、冰淇淋二十錢；可可亞十二錢。除此之外，也可以隨個人喜好點其他菜色。

公園獅新廳舍店的小插曲

大正8年9月10日有一位總督府的官員投書，指出公園獅新廳舍店就像自己的高等食堂，幾乎天天報到用餐，但有日因公務繁忙無暇到公園獅用餐，於是請下屬代訂公園獅的外賣，結果下屬以自己的名義訂餐後，送到的西餐牛排與米飯皆難以下嚥。明明是相同價格，比起親自到館內吃到的餐點卻「粗糙千萬倍」，可想見一般官員與高等官雖然叫同樣的餐點，但品質卻大不同，這也算是公園獅西餐對身分差別待遇的一則小插曲。相隔一個月後，指責公園獅的聲音也出現了。

是年，臺灣在各方面調節物價的呼聲不斷，但總督府某官吏針對暴利問題表示，若真要進行物價調節，首先必須從位於總督府內的公園獅食堂的麵包等東西先進行調節才是。

公園獅販賣的東西其貴無比，獲取的暴利有五倍之多，而且自開幕以來，售價都沒調降，相較於市內，同樣的東西都比較貴。開幕當時，原本大排長龍的一般官員食堂，才幾個月時間，已是幾乎看不到人影，只有高等官食堂還有相當的人數。會造成如此情況的主要原因，還是公園獅的料理既難吃又貴，而且同樣名目的餐點，食物內容還有差別等級。以麵包為例，麵包半斤，市內的價格為八錢，食堂將之切成八片，烤過後一片賣十錢（開幕時則特價五錢），因此原價八錢的麵包，可賣到四十錢。雖然必須花一些費用及奶油錢，但只占一片麵包的一錢或二錢左右。即使以現在價格的一半供應一片麵包（半斤的麵包切成四片者），仍然還是有相當的利潤。公園獅受特權庇蔭，食堂的餐點價格又比市價貴了五倍，難怪會被報紙直接點名批

評。

　　出了名的公園獅，糾紛也接踵而來。大正6年9月，店主篠塚初太郎在幾年內陸續侵占公款，並以臺灣生豚交易株式會社所捐贈的股票爲擔保，陸續向加藤清太郎、盛進商行老闆三好德三郎、三浦三之助等人，以及臺灣商工銀行詐欺借錢，還賄賂臺北廳警部大戶外次郎氏，因而吃上「贈賄罪」官司，前後歷時超過一年的訴訟，篠塚在大正7年8月時，被判刑五個月收監。商工銀行主事（調查課長）曾我純太郎在這場公審中成爲債權人之一，以致一度接管公園獅，掛名爲代表社員。大正8年以後，又有津田貢作氏掛名公園獅的「業務擔當」。公園獅易主後，總督府的食堂也轉手了兩次，第二任繼承者經營了四年。後來丸新氏承接時，食堂的生意已大不如前，不久，總督府內有店主森方男登記開設「カフェーボタン」（牡丹），カフェー咖啡屋的魅力也踏入總督府，這已是大正14年的事了。

▲ 牡丹咖啡屋外觀

▲ 牡丹咖啡屋曾接手經營總督府內食堂

漫畫家國島水馬速寫公園獅

　　大正9年7月17日，水馬氏光臨公園獅，當時問了一句：「你的店高砂啤酒的評價怎麼樣？」結果女服務員口無遮攔、霹靂啪啦的將公園獅的內幕完全托出：

　　銷路是有，但客人喝一口，就說宛如喝肥皂水似的，常常只喝了一半左右。所以一般還是喝惠比壽和麒麟啤酒。小菜什麼都沒利用，因為客人根本不叫。啊，這是內幕的談話呀！但是啤酒一瓶付了七十五錢。我們這裡來了一位長得很像松金的玉子小姐的女服務員喲，有個叫阿園的小姐的，你見過嗎？真是高興，實在太像了。你今天在報紙上應該有看到以前的女服務員阿園出嫁的消息吧？但她還住在娘家喔！這家店原本女服務員很多，只是如今阿祥、千代、阿滿、阿芳、阿龍、阿住、阿靜、佐世、阿園、阿鈴、阿玉等十一人紛紛離去，僅剩餘五六人云云。

　　在女服務員的口中，公園獅經營主的問題似乎影響頗大，水馬插不上話，只能喝著啤酒，聽著留聲機的音樂，望著公園獅會館外屋簷懸掛的電燈，偶爾立起耳朵偷聽客人之間的對話。當晚他覺得這是一間「檸檬水若變成蘇打水，碳酸水如變成冰淇淋等西餐，不只失去了平民氣息，連趣味也沒有了」的西洋料理屋。

公園獅轉手糾紛

　　大正13年11月26日，一件詐騙的訴訟文件送達檢察局，原因是

高木辰之助此人在大正
12年4月，基於後藤麟太
郎的懇求，以後藤氏的名
義承受新公園內的公園獅
料理店，而再以公園獅的
經營與一切器具擔保貸款
四千圓。不料其後公園獅
的經營停擺，反而讓另一

▼▶ 昭和6年西門町永樂咖啡屋

業主原正章承接，而後藤氏卻以他人名義將貸款轉為經營「樂園」料理店，於是才有訴訟的糾紛發生。大正15年，公園獅的店主再換成橫山千賀。大正14年5月，原第一代公園獅店主篠塚初太郎另起爐灶，在西門町新開了一間喫茶店「永樂」，直到昭和3年的紀錄上，還可看見原店主篠塚初太郎全家族總動員投入料理、飲食店的事業。其本人轉而經營西門町「大樂」料理屋，妻子篠塚日出子具名管理永樂喫茶店，另有篠塚公子打理新起町永樂第二分店。不過到了昭和5年8月，永樂喫茶店不敵「カフェー」浪潮，也改造成為「永樂カフェー」。

公園獅走入歷史

　　走過二十幾個寒暑的公園獅，在昭和6年度《臺北市大觀》中的身影依舊，仍是臺北新公園內值得走訪的咖啡館；昭和7年，公園獅搭上咖啡店風潮，也大動作改善餐飲，推出新式午間套餐，積極營造為一處符合新時代民眾的摩登咖啡屋。昭和8年，公園獅又重回原正

章的手中經營。昭和10年3月「南カフェー營業組合」（昭和6年成立）中，名聲鐸鐸的公園獅仍是料理界的要角，但昭和10年6月臺灣博覽會舉辦前，公園獅卻被一紙命令須三日內撤離新公園，只因公園獅的地點被充當博覽會的迎賓館用地。

　　新公園被安排爲臺灣博覽會的第二會場，會場從榮町直通到臺北醫院，北側以博物館爲中心，設置各種文化館；南側以兒童樂園爲主，迎賓館、演藝館側立，預計呈現出一個大型的歡樂不夜城，而公園獅正位於會場用地內。

　　一聽說公園獅要遷離，有民眾還組織後援會，喊出「獅子非救不可」的口號，不過博覽會的計畫大於一切，遷離計畫勢不可免。於是公園獅將一切家具、各種器具、庭園樹木、鋪石等全部進行拍賣，等於宣告公園獅的爵士樂或鋼琴聲成爲絕響，堪稱公園獅門面的女服務員也曲終人散。公園獅6月撤出後，同月19日貴賓館開始改築，拆除公園獅及一旁臺北俱樂部，三個月後9月30日竣工，成爲一避暑別墅樣式的兩層樓洋房。

▶ 昭和7年公園獅歐風咖啡屋的女給們

臺灣產業博覽化時代

大正工業化、都市化、大衆消費文化時代的到臨

　　明治末期到大正初年，日本急切的朝向工業化奔去。人口增加、經濟起飛，農業人口逐漸移轉至製造業、商業和服務業等第二、三級產業。大正3年3月，東京上野公園舉辦「東京大正博覽會」，東京市政府藉由勸業博覽會的自由經濟精神，企圖將日漸擴張的東京都打造爲國家工業化的基礎，更期許日本能夠站在東京都的肩膀上邁向未來，成爲一「眞正富強的國家」。

　　這次的博覽會，由於參觀人數太過踴躍，開幕當天時間未到，人潮已突破警衛湧入了會場。此回「臺灣館」的出產品依然博得好口碑，除了阿里山檜木炙手可熱，開辦的喫茶店亦顧客無數，而且業績一路長紅，會期結束後，喫茶店的雇員甚至因此拿到績效獎金。最後在褒賞授與式中，臺灣出品授與式總計206品，與以往最大的不同，名單中已經少見以個人名義參展的產品，在總督府的主導下，臺灣在明治末年已逐漸走向資本集中與企業獨占的趨勢，如砂糖有各家新式的製糖株式會社；稻米有地方農會；茶有茶商公會或會社。臺灣進入大正時代，看來殖民政策也迎頭跟上了工業化、企業化、現代化的腳步。

臺灣勸業共進會

　　大正4年年中，臺灣總督府醞釀已久，肩負政治、經濟與軍事目的的大計畫，也是殖民地臺灣做為日人始政二十年的成果展示之「臺灣勸業共進會」，決定自隔年4月10日至5月9日（後延長一星期）開辦。有鑑於活動將帶動的觀光人潮，臺灣官民皆騷動起來，第一會場暫時使用未完全完工的總督府新建築、協贊會的招募與贊助、建設壯麗堂皇的迎賓門、會場前的美人塔、觀光團的勸誘、三線路街道改善、各旅館設備的更新與食宿優惠組合等；臺南一地甚至有旅館業者為迎接此次共進會的商機，也新蓋東瀛旅館一所。而臺北出版的相關共進會指南中，可以浮上檯面的西洋料理店僅有書院街的改陽軒、府中街的同盟軒、北門街的臺灣樓以及臺北新公園內的公園獅。配合勸業共進會的宣傳，官方機關報臺灣日日新報也積極報導臺北市給人的完美形象，最特別的是，還以臺北夜間情調為切入角度，引人遐思。

臺灣總督府。大正5年臺灣勸業共進會舉辦時暫先作為第一會場使用

◀ 大正5年臺灣勸業共
進會第二會場內的演藝
館，戶外可見啤酒大廠
的巨型啤酒廣告塔。

市街改善計畫

　　明治29年臺灣總督府特聘衛生工程顧問英人巴爾頓來臺，規劃下水道改良工程，同年臺北與臺中市街開始進行，爾後於明治33年更提出臺北與臺中市街的改正計畫。明治38年有臺北和新竹市區擴大改善；明治39年有彰化與嘉義；明治41年有高雄；明治43年爲花蓮港；明治44年則有臺南及臺中。大正以後，全臺各小街市的改善計畫與街町土名改訂政策，也針對大小市區展開全面的調整。經由街道與町廓改正、鐵道開發以及公共空間的闢建，新興的商業中心與街道於是成爲一個都市進步繁榮的表徵。臺中市在歷次的市區改善計畫後，逐漸發展成爲日人心目中的「京都」原鄉，街肆的興盛，加上香蕉與蔗糖農產運銷樞紐地位，昭和3年後更成爲臺灣三大都市之一。

　　南部打狗港（高雄港）方面，自從明治41年開始施行築港事業五年計畫後，貨物吞吐量逐年激增。隨著築港設施、市區改正及海埔新生地的塡築，哈瑪星與鹽埕埔逐逐步成爲人口聚集的商業街町。在

人口與產業不斷發展擴張下，風月場所以及交際應酬的飲食消費，據大正9年4月統計，打狗一地，包括貸座敷與料理店的遊興稅，單就兩日的收徵額即達三百二圓八十四錢。其中貸座敷十二家，樓名有天眞、松葉、大笑、松月、福聚、眞榮、中村、君之家、花之屋、日進亭等；料理店二十四家，軒名泰翠園、九州館、金波、茂之家、三日月、梅屋敷、八重豐、聚樂亭、春風樓、つたの屋（常春藤之屋）、小樂天、開花樓、たまき（玉環）、稻福、萬月、青柳、花壇、一二三、有終亭、聽松園、大阪亭、更科、東園。

　　大正9年6月夏天，曾是「銀BRA」一族的佐藤春夫，在家鄉和歌山新宮遇到中學舊友，朋友在臺灣打狗開齒科醫院，在其邀請下，訪臺旅行三個月。佐藤回憶起打狗之旅，齒科朋友醫院內有一鄭姓青年見習生，曾經邀他一同前往旗後本地的藝妲間，佐藤在好奇心的驅使下，跟著鄭姓青年一探究竟。不過佐藤進去後大失所望，房子裡頭是個「稍微髒亂像酒吧的地方」，他認爲：「美其名說是藝妲之家，其實大概是私娼窟吧！」佐藤春夫的行旅回憶，對打狗的風月側寫，卻成爲大正年間的第一手見聞資料，當時除了一般檯面上的料理店與酒館，可能也有難以盡數的私營酒吧。

始政三十年展覽會 —— 中部臺灣共進會

　　大正12年4月16日，日本裕仁皇太子抵臺，進行爲期二十日的巡行，皇太子此行也促成臺中市興築一所「行啓紀念館」。大正15年紀念館竣工，爲慶祝落成並展現臺中官廳各項物產與建設成果，乃籌辦3月28日到4月6日爲期十天的「中部臺灣共進會」。

但舉辦中部共進會前一年，日本連番遭逢關東大地震以及世界經濟不景氣的打擊，讓日本剛起飛的工業化與現代化發展蒙上一層陰影。然反觀臺灣，正值總督府始政三十年，有別於日本本地的震盪，總督府產業部宣示殖民地臺灣「文化制度的發展應受到高度的重視，尤其是各種產業顯著發達」，加上獨厚的天然物產與市區改正的設施建設，各方面進步迅速，生產額與貿易額皆逐年遞增，因此更應該「投入

▲ 大正15年中部臺灣共進會於臺中市舉行

▲ 中部臺灣共進會舉辦期間的臺中市榮町通（今繼光街）

心血開拓新局面，也應積極建設以做爲向南方發展的基礎」。所以在始政三十年紀念日來臨時，特別籌辦展覽會活動，陳列臺灣各項物產，回顧產業來時路的軌跡，以彰顯統治臺灣的成績。

大正文化商品化

而對於經濟的未來榮景，不管是樂觀或悲觀，彷彿也將臺灣大眾帶進了大量消費的時代。相較於日本的大眾娛樂消費——是一日聽西洋歌劇、一日逛三越百貨公司，吃東西則流行咖哩飯、可樂餅、炸豬排、喝咖啡等洋食，臺灣當時的大眾也逐漸移染文化商品化的消費習慣，大正12年12月26日，即有廣告催眠消費大眾，只要使用舶來品牙膏，「口齒清新」的人還能高唱文化生活：

梅花牌　牙膏

對牙齒有益　對口腔有益　品質優良

宣揚文化生活　梅花牙膏是現代最新科學技術製造的優秀產品

深受歡迎　有助於牙齒強健的增進

日本在大量消費的社會逐漸形成後，商品的包裝與行銷也必須與時俱進，大正8年7月的七夕節當天，新飲料「可爾必思」（カルビス）以標語「初戀的滋味」上市，也因吻合大正人的營養觀念，其訴求抓準時代脈動與氛圍，結果擄獲人心，全國大流行，並於隔周13日舉行的全國衛生博覽會榮獲金牌獎。臺灣則在大正13年底由臺北辰馬商行代理進口，漢文轉譯「佳兒必須」，特別宣傳「滋養、殺菌、整腸」

▲ 大正12年文化生活產品牙膏廣告　　　　　　▲ 森永乳酸菌飲料廣告，昭和13年。

等三大特色，同樣也銷售奇佳，成了當年最暢銷的夏季清涼食品。

　　大正4年末，森永製菓為宣傳牛奶糖，採用買糖果即可免費看電影與浪花曲戲劇的手法，在臺北、基隆舉行促銷活動；大正5年在臺北的共進會設立賣店，製品大受歡迎；大正14年更在島內舉辦「森永菓子店頭充實陳列競技會」，在獎勵國產與提倡保健衛生的前提下，森永製菓利用活動將自家品牌深植臺灣民心，也獲得了「文化菓子」的封號。

　　冠有「文化」之名的商品與日劇增，大正時期日本的文化住宅概念，在昭和年間也改頭換面轉移臺灣，文化村成為地方建設的指標，但箇中滋味只有農村一般庶民才能體會。作家朱點人〈島都〉（昭和7年）有極為寫實的諷刺，「聽說M村所有的土地、山林都是拂下（出

售）給辭官退職的人，並且分割給某地移入的『脫褲班』──現時一
到Ｍ村，舉目都是『文化村』、『新村』，一些純粹的模範農村了！」

　　蔡秋桐〈新興的悲哀〉（昭和6年）則帶出「林大老」受騙於Ｔ鄉
將成為製糖會社的建築用地，未來必定成為重鎮的宣傳，跟租了一塊
地，卻因地主維持費未繳而無水路可灌溉的窘境，對於新興的市街也
有「無一不是資本家的騙局」的喟嘆。

創新商業廣告手法

　　大正14年始政三十年展覽會開辦後，除陳列展覽品與餘興節目
外，較特別的活動則是結合市街商店的促銷宣傳，官民聯手推出「商
品陳列窗競賽」和「藝閣廣告遊行」，藉抽獎、聯合大清倉、櫥窗布
置競賽、化裝遊行、萬華媽
祖遶境、藝閣與商家花車遊
行等各項活動刺激買氣，接
連的商業促銷活動與民俗慶
典，也將展覽會塑造成一種
節慶式的嘉年華會。

　　早於明治末年，為刺
激消費，日本商人已有歲末
聯合廉賣會或拍賣會的促銷
活動，最常見的即有贈品摸
彩、打折優惠及餘興節目。
直到昭和初期，臺灣在大環

▲ 大正14年臺北市聯合大拍賣促銷活動

境不景氣的影響下，官方雖努力籌辦大型展覽會，各地方民間的臺、日商工會也不能置身事外，於是「納涼聯合廉賣會」、「慶祝聯合廉賣會」、「廟會聯合廉賣會」，加上年中或歲末廉賣會各類型促銷活動與商展，將消費完全結合大眾文化與民俗生活，一舉創造有益於店家的商機。而各商工會舉辦聯合廉賣會的促賣活動，則在進入昭和時期至始政四十年紀念博覽會之間達到最巔峰。此外，在都會市街舉辦的餘興節目中，還可看見藝妓與咖啡屋女給舞蹈表演、藝閣花車的遊街、少年相撲表演賽、魔術幻影表演、西洋或傳統戲曲演奏、活動寫真放映、煙火施放、運動競賽以及票選最受歡迎藝妓等節目。

官民聯合促進消費

　　首次參與始政三十年展覽會期間「商品陳列窗競賽」的商店有一百多家，民眾投票選出前五名為：盛進商行、丸山布行、以文堂、新高堂、大倉鞋店。第二次舉辦的競賽活動則由專家選出以文堂、盛進商行、村井商行、大倉鞋店、東京電氣等五家。

　　臺中官廳隔年接辦的「中部臺灣共進會」，展期內參觀人數再創新高，超過七十七萬人。而為串連參觀人潮，第一會場內展場（行啓紀念館）與第二會場會館（公會堂）間的動線設計和導引，就必須多方考慮，主辦單位遂安排臺北聯合賣店、公設賣店、個人經營等七十餘家商店，沿路販售各地方特產；另外也配合二十三家飲食店，提供異國料理與在地食物，如煙草、啤酒、糖果、餅、壽司、冰品、朝鮮人蔘等飲料食物；咖啡雖做為異國飲料之一類，但以現有資料看來，會場飲食店是否販售咖啡雖未得知，但不難想像，應是不會缺席。

大正年間的政治社會文化運動

　　一般研究指出，1907到1915年間一連串前仆後繼的抗日武裝事件，在西來庵事件後逐漸轉爲溫和的議會請願與文化啓蒙運動。1920年代也可以說是臺灣漢人非武裝政治運動興起的年代，政治上大正文化民主改革、社會上勞工農民運動，皆爲爭取平等待遇而蓬勃發展。在社會經濟環境上，第一次世界大戰結束後，日本取代英國在東亞的經濟地位與利益，景氣大好，民間大型企業紛紛企圖南進擴張。臺灣方面，總督府則以臺灣銀行扮演金融南進的角色，但大正11年（1922）臺灣被捲入世界性的經濟不景氣，臺灣銀行也因大型企業破產事件的拖累而停業，不論是一般勞工農民階級或資產階級，都不滿總督府的政策，紛紛尋求自保與自救。再加上先前世界局勢的影響，如中國的革命運動、第一次世界大戰後的民族自決風潮、日本內地民主自由主義以及朝鮮「三一」獨立運動的刺激等等，臺灣在1920年代的文化、社會、政治運動與團體，海外如東京臺灣青年會（文化講演團）、文運革新會、新民會（出版雜誌《臺灣青年》，後改名《臺灣》以及報紙《臺灣民報》）；臺灣島內則有六三法撤廢期成同盟（六三法撤廢運動）、啓發會、臺灣議會期成同盟會（臺灣議會設置運動）、新臺灣聯盟、臺灣民眾黨、臺灣地方自治聯盟、臺灣文化協會等相繼創禁、分合，形成前所未有的抵抗之發展。

　　在前仆後繼的政治運動中，「聚會」始終是一個組織團體開會討論、交換新聞及連絡感情重要且不可少的活動形式，自從十七世紀咖啡傳入歐洲，三四百年來，歐洲咖啡館的人文與政治活動形塑了咖啡空間的性格，咖啡館被稱爲「等待詩意的場所」。法國文豪巴爾札克

一天喝上二十杯咖啡是正常的事，他曾說：「咖啡就像是激發人們鬥志的原料」，可以令人「文思泉湧、下筆不停」的寫出文章。而咖啡亦常被視為「民主的飲料」，法國大革命甚至是受到咖啡館內改革思想的影響而觸發，難怪茶與咖啡史家威廉‧烏克斯（William Ukers）會說：「咖啡是人間最極端的飲料，咖啡因會刺激思考，民眾一旦深思就想造反，危及暴君地位。」

　　文學家尋找靈感、寫作；畫家展示作品；音樂家發表音樂、演奏演唱；劇作家搬演諷刺劇、輕唱劇；記者、政治家寫稿或議論政治；出版業者創辦報紙刊物；電影發明後也流行在咖啡廳放映……咖啡館建築物以物質的形式存在，在公共領域內，既是人與人精神交往的場域，也是人與物質相會的場所，一般人涉足這些餐館、喫茶店、咖啡店等公共空間，在室內社交，跳舞、觀賞、休憩、吃喝東西、沐浴泡湯、理髮、排泄，即是呈現了日常生活中的慣習文化，以及人際關係與物質文化的連結。甚至可以說，如果沒有咖啡館內不斷上演的人與事，讓日常文化活動被包裹在特別營造的空間裡，咖啡館有可能淪為徒具消費空殼、純屬營利性質的建築物。

●味覺の極樂
日之本
臺中公園前

●麗人の殿堂
サロン日活
臺中市大正町

享樂の陶醉境
近代人の慰安所
カフヱー吾妻
電話一五三番

宿ブラのおつかれは
吾妻で……

にこやかにだれでも好きになれる氣安さを持つております
臺中
カフヱー・スバラン
電話一七番

●愉快なサービス！
●夏の夜の歡樂境
カフヱー太平樂
……中砥……
電話一四五番

◀ 昭和7年已邁入咖啡時代的臺中咖啡屋界的商業廣告

　　大正年間的中、西餐館、酒館或咖啡屋，也成為當年臺灣海外留學生或島內知識分子聚會談話、祝賀迎送、公開演講的空間。日治時期政治社會運動鬥士蔣渭水醫師，未成立臺灣文化協會前，除了在大稻埕開設大安醫院，大正9年3月春風得意樓（酒樓）增加資本擴大規模時，也參與投資經營，成為大股東，並利用此聚會場所結識各地同志。其中臺灣第一位飛行家謝文達返臺進行「鄉里飛行訪問」，大正9年11月3日召開的祝賀與後援會，即假春風得意樓盛大舉辦。

　　大正10年10月，臺灣文化協會成立後，除了北部蔣渭水開設文化書局，大正14年11月，中部文協也發起在臺中市籌辦中央俱樂部，仿法國社交沙龍，內設簡易食堂，供應茶食冰果等，並設有圖書部（販售日文與中文書籍）、講堂、娛樂室、談話室等。大正15年6月30日，中央俱樂部成立後的總會在臺中市橘町醉月樓開會，但後因兼具旅社功能的俱樂部沒有適當地點，加上以後文協分裂，組織內僅中央書局開業。

　　像餐館或咖啡館此類的聚會空間，偶爾也提供另一種生命低潮時短暫蟄伏的根據地。昭和11年（1936），日本陸軍部一千多名青年軍官與士兵發起武裝政變（「二二六事件」）後，日本軍國主義日益盛燄，影響所及，時局已不容多數的臺灣菁英參與政治運動，如政治社會運動旗手蔡培火，即避居東京新宿開設「味仙」臺灣餐館，在餐廳內亦曾組織「留東詩友會」，出版漢詩集《海上唱和集》；前輩作家張深切，戰後因二二八事件，不涉政治後，在臺中開起了「聖林」與「古典」咖啡室。或者，又可以是雜誌期刊編輯發刊的舞臺，如前輩作家郭秋生擔任江山樓（大正10年11月20日開業）經理期間，在此寫作，並組織「臺灣文藝協會」（昭和8年10月25日），創刊文藝雜誌《先

發部隊》（後改爲《第一線》）。又如昭和年間通俗刊物《風月》，第一代販賣部就設在發行人林欽賜經營的大世界旅館內；簡荷生接辦第二代《風月報》，於昭和12年9月與陳水田（蓬萊閣）、張良玉、羅紹奇、徐坤泉、詹天馬（天馬茶房）等人合資擴編後，營業所也遷入蓬萊閣餐館內，助理編輯吳漫沙即曾在餐廳內闢室寫稿、編輯。

　　大正10年，臺灣文化協會總理林獻堂第一次臺灣議會設置請願回臺洗塵、第二次請願活動赴日餞別會，皆在蔣渭水醫師經營的春風得意樓舉行；大正12年2月，臺灣議會期成同盟會於「江山樓」舉行成立大會；大正12年5月20日，東京青年會假小石川區傳通院前「西川西餐館」舉行例會，當日決議組成文化講演團，留學生利用暑假期間回臺灣，舉辦巡迴全島演講會。大正12年12月，臺灣青年會總會照例在「西川西餐館」召開；第四次臺灣議會設置請願運動準備事宜則在早稻田大學前「牧舍咖啡店」舉行；大正13年6月，第五次請願運動在「牧舍咖啡店」召開臨時大會，並在帝國大飯店舉行記者會；大正13年9月，第六次請願運動於臺中「獅子西餐館」（臺中ライオン）舉辦歡迎會。大正14年2月，在臺中「醉月樓」酒家舉行壯行會，並在日本帝國大飯店舉行記者會；第七次請願運動設宴帝國大飯店，舉行記者招待會，而林獻堂等人回臺後，臺灣的左翼青年邀請文協幹部於中西喫茶店聚會，雖是邀請會，但已是議會請願運動的反對會；第九次、第十次請願運動在「蓬萊閣」酒家舉行送行茶話會與壯行會；大正15年7月，臺灣民眾黨假臺中市新富町「聚英樓」舉行創立大會。乃至於昭和3年11月，林獻堂遊歷歐美各國視察返臺後，熱烈的洗塵歡迎會，臺北一場在蓬萊閣，一場在艋舺金合盛（遷移新設後改稱「新和盛」）酒館，臺中則在醉月樓舉行。

純臺式咖啡屋 ── 大酒樓

臺式大酒樓東薈芳的競合與起落

　　大正13年10月15日起，大稻埕東薈芳酒樓為紀念開業四十週年紀念，一連兩個月，特別發售、贈送抽獎用的「景品券」。時間如果無誤，那麼在清光緒十年左右設立的東薈芳，可以說是大稻埕最老牌、也最著名的酒樓，而艋舺一地，日人領臺前後，也唯有協記號（宴春樓）、和盛（新和盛）與平樂遊等，以及城內得月樓可以匹敵。回顧開業初期，東薈芳在六館街起家，創立者是精於廚藝的白阿扁氏，合夥人有吳江山及黃安。酒樓的生意原本頗好，但後因店主白阿扁在鷺江涉及命案，被遣送日本關在長崎監獄，店裡的管理權於是落到吳江山身上。然在資金短缺、生意又逐漸蕭條的情況下，此時吳氏的經營也僅能持平而已。後來白阿扁因表現良好假釋出獄，返臺與吳

▲ 大正13年，東薈芳廣告，標榜東洋純漢料理。

氏商量後，決定尋找金援，並找來當時的茶行東昌號店主、德商三美
路洋行買辦黃東茂入股，店址也遷於稻新街端。此際白氏主外事，吳
氏掌內務，相輔相成，生意又興隆起來。但不知何因，兩人開始爭吵
交惡，而且越演越烈，已到無法復合的地步，致使吳江山終於退股。

大正3年以後，東薈芳生意大不如前，以致於「味道太減、價
愈昂貴」，但在大稻埕一地，原本即以東薈芳與春風得意樓二家最著
名，不過春風得意樓一時因資金不足而閉店（大正7年底，重整為有
限公司，並合併四德樓），在沒有可競爭的對手下，東薈芳雖然風評
下滑，仍獨當一面。大正9年6月，東薈芳設立喫茶部，供應東西方
飲料、冰、麵包、甜點等，亦乘霞海城隍祭參加遊行，發送免費可兌
換茶點的喫茶券DM。

大正9年底，當日本久彌宮殿下（裕仁皇太子的叔父）蒞臺時，
仍指定東薈芳為宴會地點，一時乃恢復榮光。不過以東薈芳和春風得
意樓為首的大酒樓，沒有傳統庭園空間，長久以來失之雅趣，每遇大
宴會，格局也稍嫌狹窄，所以大約同時也聽聞原東薈芳股東吳江山氏
準備興建大酒樓，繁榮地方、便利官民。

吳氏曾到中國各大城市遊歷視察著名的酒樓，回來後獨資投入十
萬餘圓，於日新街購地，建江山樓。落成後，並於大正10年11月17
日，連三天舉行「披露宴」，廣發請柬，準備招待官民千餘名。

大正12年4月，日本皇太子蒞臨巡視臺灣，24日當天中午，在行
邸大食堂舉辦宴會，臺灣料理由江山樓與東薈芳攜手合辦，江山樓張
羅食材，東薈芳提供庖廚。推出的料理饗宴計有：雪白官燕、金錢火
雞、水旭鴿蛋、紅燒火翅、八寶焗蟳、雪白木耳、半點炸春餅、紅燒
水魚、海參竹茹、如意香魚、火腿冬瓜、八寶飯、杏仁茶。當日的每

道菜，日皇太子皆一一動筷品嚐，宴會過後更傳旨褒嘉。

　　或許受到日皇太子的褒獎所激勵，加上新酒樓江山樓的競爭，是年東薈芳股東拉攏黃東茂氏投資，在大稻埕怡興街（日新町）興築新酒樓，並以押金六千圓，每月一千圓的租金承租。東薈芳新酒樓占地約七百五十坪，建坪外有一庭園，並以鐵柵圍繞，左右留兩大鐵門，汽車或人力車可直接進到大門玄關。正面前進為三層樓，後進為二層樓，後進的二樓有可容納七百人的大宴會廳，其餘小宴會廳有十六間，每室可容五十人，其他還有湯房、噴水池、納涼亭、散步場、撞球俱樂部等娛樂設施。

　　大正13年6月，大稻埕著名酒樓東薈芳遷徙至日新町新築大樓，開業前適逢農曆城隍爺祭典，原本打算先宣傳再營業，但因為預定的客人太多，不得不在祭典前先開門營業。全新開業後的東薈芳為了「潤色增光」，6月19日起也在報紙宣傳舉辦「宴東薈芳旗亭」、「覽東薈芳花園」、「步東薈芳樓臺」等為詩題的徵詩活動，入選者則以餐券為贈品。過了兩個月後，重整旗鼓的東薈芳更打鐵趁熱，分設新東薈芳於新北投噴水池畔，除了基本的臺灣料理，分店更延聘香港著名的西洋料理廚師駐店，以每盤四十錢的定價，提供廉價味美的西洋料理。10月起，東薈芳更增設如意食堂，供應麵包、點心、糖果、餅、茶、冰等大正時代流行的飲食，價格從三錢、五錢到十錢不等，還推出九五折到九折促銷用的商品券與餐券等，目的在吸引遊客以及親友的小聚會。當時東薈芳刊出的廣告主打東洋純漢料理，強調四大賣點：

場所：會堂闊、房室幽、極美麗、極壯秀

料理：餚饌鮮、烹調良、極衛生、極滋養

如意食堂：味多種、價便宜、極經濟、極簡易

商品券：交際品、贈酬用、極便利、極雅緻

　　而就在東薈芳熱熱鬧鬧舉行徵詩，以右詞宗連雅堂、左詞宗黃爾義為首的舊詩評選連載於報紙當下，這一年11月，新文學第一世代作家張我軍在《臺灣民報》也投下了一顆震撼彈，〈糟糕的臺灣文學界〉一文對詩壇，尤其是舊詩壇提出深刻的反省與批判，他說：「不但沒有產出差強人意的作品，甚至造出一種臭不可聞的惡空氣來」，許多舊詩人，「做詩易於得名，（其實這算什麼名！）又不費力氣，（其實詩是不像他們想像的那麼容易的！）時又有總督大人的賜茶，請做詩；時又有詩社來請吃酒做詩，既能印名於報上，又時或有賞贈之品」，遂引發一波新舊文學論戰。

　　大正13年10月15日起的兩個月時間，東薈芳以四十週年紀念推出半買半送、附贈品的抽籤券，品項琳瑯滿目，有鐵床寢具、西洋椅子、白米、腳踏車、花瓶、地毯、大鏡子、鶴毛被、手錶、時鐘等，吸引不少的客人光顧。大正14年3月29日午後二時，臺灣中華會館假東薈芳舉辦中華民國首任臨時大總統孫文的追悼會，當天上午九點先以汽車在市內宣傳，後在下午一點以施放煙火號召有志參加者。

　　是年7月，適逢不景氣，東薈芳經營愈發困難，未幾股東失和，業務沒有起色，收入銳減，積欠帳款，終於傳出倒閉消息，債權人於是將該樓內的設備、桌椅、大鏡等付諸古物商人的競價拍賣，最後得

標金額約在一千四百圓左右。後經舊春風得意樓樓主林聚光、乾元藥行朱樹勳與屋主黃東茂及債權人的斡旋協調，東薈芳得以在9月5日再生重新營業。重新開業的東薈芳調整腳步，提供適合的季節料理，招徠集會宴客者，加強服務，物美價廉，並在撞球俱樂部內提供簡易餐點，調製適合散步後飲用的「一寸一杯飲」，想不到竟門庭若市。

大正15年8月10日，又聞東薈芳股東間有糾紛，至年底有人提出擴充設備、出租部分房間當成展覽會和品評會會場的改革計畫。不過到了隔年昭和2年1月15日，東薈芳頗有老態龍鍾之勢，顧客沒有增加、租金與費用膨脹不止、經營事權不統一，加上債務累累、玩樂稅滯納、股東不和，突然驚聞倒閉。

倒閉後這段期間，原屋主黃東茂糾集米商林聚光，重修東薈芳內部，並聘請漢、洋廚師數名，於2月15日改稱「蓬萊閣」開業。當時便有食客做一打油詩諷刺：「舊底東薈芳，故用林聚光，明知白腳蹄，即能了空空；改稱蓬萊閣，得遇主人翁，若得好人氣，便可度一冬。」

而舊東薈芳人馬不甘示弱，決定整理舊債後重起爐灶，擇太平町四丁目舊東亞會社三層樓房改築，然再開業的東薈芳已不如從前風光。雖然東薈芳分合起落，但大稻埕如今到底又多出一家蓬萊閣為競爭對手，江山樓未雨綢繆，也擴大經營開設分店。

競爭中的三大酒樓以蓬萊閣經營最為穩定，但大正15年10月底，也有大稻埕的資本家承接舊有的西洋料理店臺灣樓，而於太平町二丁目重整樓屋，企圖與其他酒樓鼎足而立。昭和2年7月，在不景氣環境中，江山樓雖擴大經營，但已負債十一萬餘圓；東薈芳則從開業以來，即債臺高築，終於在8月重組為合資會社東薈芳公司，

轉由高墀輝承辦，沒想到公司代表人吃上官司，才不過一個月又告休業。9月3日至12日，大稻埕檢番第八期成績出爐，藝妓到酒樓的出局數：江山樓一一九；蓬萊閣一五四；東薈芳停業；臺灣樓則是二〇局。

　　蓬萊閣除舉辦中國古書畫展覽會、舞蹈會，以至自治聯盟第一回臺北支部大會、全島詩社大會、新民報創刊披露宴、飛行士楊清溪鄉土訪問飛行後援會等活動也在此舉行。昭和初年，純粹休閒或帶有粉味的咖啡屋林立，為了順應潮流，迎接咖啡時代，昭和7年7月蓬萊閣也計畫將一部分空間改為新式酒家。

　　昭和11年5月，蓬萊閣經營者黃東茂將酒樓轉手讓渡五星商會的陳水田。陳氏繼承經營後，銳志革新，即刻更換設備，並且從室內裝潢到廚師及其他從事人員的服務態度，皆加以改善，並以全島第一的臺灣料理店自詡。陳氏更前進中國北京、天津、上海、南京、廣東、香港等地，以及日本關西各都市有名的料理店，親自試吃品嚐各地季節性料理，研究在地料理的特徵。更雇用名廚師數人，其中包括曾追

▲ 昭和11年，蓬萊閣再次轉手，五星商會陳水田入主。

▲ 昭和12年蓬萊閣，左上角為新店主陳水田。

隨中華民國故大總統孫文、民國元勳黃興，曾經事司其庖廚者，而且還曾被前駐美大使顧維鈞聘雇在美前後七年、被認為是中國烹飪界名人的杜子釗。

陳氏接手後頗善經營，新設「グリール」食堂，實是一大眾化供應燒烤的食堂，另有松、竹、梅三款定食。松定食每人一圓，五種菜色；竹定食每人一圓五十錢，五種菜色；梅定食每人二圓，六樣菜色。讓人數少的聚會也有其他選擇，不論全家人用餐，或是人數不多的聚餐，都能心情愉快的吃頓飯。且自昭和12年元旦起，每晚九點至十二點，由大稻埕檢番所屬的藝妓無料（免費）輪流款待客人，以致團體客趨之若鶩，絡繹不絕。

是年蓬萊閣老闆陳水田贊助復刊後的《風月報》（原《風月》），9月，也因為風月報編輯部進駐，蓬萊閣內更吹起了大眾文藝風。昭和16年1月11日，電影明星「世紀之寵兒」李香蘭來臺登臺獻唱，風月報實況報導李香蘭激起的旋風，全島的影迷無不希望一睹芳顏：「聽說在基隆碼頭上陸的時候就受了如山如海的影迷者們熱狂底歡迎！在蓬萊閣受招待歡迎會的時候，也聽說蓬萊閣前那個小庭院，險些兒就給影迷們蹂躪到平地！」歡迎會盛況空前，可算是蓬萊閣最風光的時候。

春風得意樓，稻江烹調第一流

大稻埕春風得意樓原在永和街開業，因「樓屋狹隘」不利發展，乃於大正5年2月遷移至太平（町）橫街。開辦的新樓房，營業場面增大後，已足以應付一般大型宴會，樓內並且加設小酌酒吧，供應各

式茶點。大正5年4月，來臺參加共進會的日本閑院宮親王與王妃殿下，遊歷南部返回臺北，總督府想辦一場中國料理晚宴招待貴賓，打聽到當時烹調聞名稻江的春風得意樓，於是令遣樓主林聚光至旅邸以外燴方式籌備辦宴。

隔年10月30日，北白川宮兩殿下的晚餐，亦特命春風得意樓主人與廚人至官邸料理烹調。兩次幸得日本官員的青睞，以致報紙上也預測酒樓未來的營業必定是前途光明。

大正9年3月，酒樓重新組織為春風得意樓公司，增加資本，大稻埕大安醫院院長蔣渭水醫師成為最大股東，酒樓並且擴大規模，裡外重新翻修裝潢，又聘用數名來自中國的廚師能手，壯大聲勢。大正9年5月，改組後的酒樓再次整頓，擴張樓屋二棟，一躍而成稻江第一流的酒樓。8月，留學日本眼科的醫學士畢業生洪長庚歡迎會；11月，臺灣第一位飛行士謝文達後援及祝賀會，皆在春風得意樓大開筵席。

大正10年3月起，為了節省客人的用餐時間與金錢，店內推出西洋料理套餐，分甲、乙兩種。甲種一人份三圓，乙種一人份二圓，不論人數多寡，皆可出餐。套餐的設計，非常適合簡便的宴客方式，或與大正時代的文化生活方式息息相關，城市的中產階級與學生人口普遍多，休閒、餐飲習慣的轉變，顯然也在影響著酒菜館，春風得意樓於是做出了調整。

▲ 臺灣第一位飛行員謝文達，後援歡迎會與祝賀會即於春風得意樓舉行。

　　大正10年4月，稻江另一酒館四德樓主人高建章打算將酒樓移轉他處經營，得意樓股東得知後，想借助高氏的經營手腕，乃成功勸誘高氏將四德樓併入春風得意樓。大正14年8月，舊春風得意樓主人林聚光將業已倒閉的東薈芳酒樓，改名為「蓬萊閣」重新開業。昭和2年7月，有顧客投書言，新開張的蓬萊閣料理「頗多新奇菜色」，難得的是，在不景氣中，蓬萊閣門庭依然若市，完全是因為林聚光原本就是一位八面玲瓏的稻江名廚師。

如此江山如此樓，東南盡美不勝收

　　江山樓係吳江山獨力投資興建，位於大稻埕日新街（後改正為日新町二丁目一八六，今歸綏街與甘州街口東北角）、耗資十萬餘圓，歷時一年建造的和洋式磚造新建築，是吳氏遍訪中國大江南北的著名茶寮菜館酒肆後的精心傑作。建物南向三樓，西向有四樓，每樓有七隔間，可容納八百餘人；正門則面向西南，有一塔樓，達五層樓，華麗高聳，內有音樂室；樓頂平臺可供娛樂運動及露天宴會，並可遠眺淡水河、大屯山與觀音山；室內有古董書畫、几案盆栽布置，樓外點綴千盞彩色燈泡；對面廣場高築戲臺，可搬演戲曲或放映電影；廚房出餐可用升降機送上各樓層；四樓還附設浴房與理髮室。特別的是，店內提供的酒食，多使用臺北牛埔仔臺灣製酒會社所生產的黃菊酒，也頗受好評。江山樓不惜重金砸大錢，務求盡善盡美，不論滿漢全席或少數餐點，皆來者不拒。

　　據吳江山嫡孫吳瀛濤云，江山樓其設備：

　　二、三樓各有七間精緻的宴廳，屋上四樓另闢特別應接室一間，洋式洗澡房十房、理髮室、屋頂庭園，可容五七十人的大理圓石卓座，四、五樓展望臺，各樓樓梯裝嵌美術玻璃鏡，一樓充作辦公廳、廚房、作業地等，使用人經常有五十名以上。而宴廳每間以木板門屏隔開，各間均懸掛當時文人墨客名流的筆墨一二十幅，誠為一大壯觀……

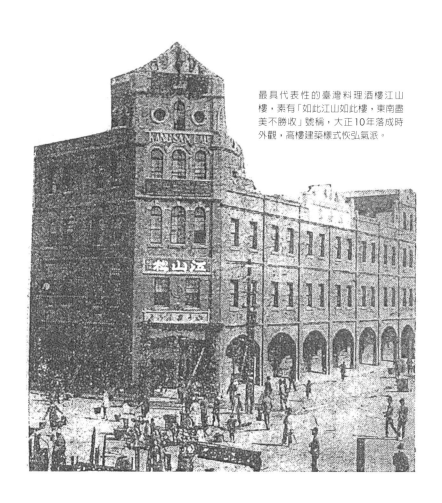

最具代表性的臺灣料理酒樓江山樓，素有「如此江山如此樓，東南盡美不勝收」號稱，大正10年落成時外觀，高樓建築樣式恢弘氣派。

江山樓落成未開業前，大正10年11月17日先舉辦披露會，聘潮州源正興曲藝班演出，連日招待千餘名賓客，宣告稻江新酒樓的誕生。19日舊詩人謝雪漁作〈題江山樓〉；20日開業後，江山樓天天客滿；22日第一場大型的宴會「杜聰明、蔡伯毅祝賀會」假江山樓舉行，這是臺灣人任職總督府高等官的大事；23日，謝雪漁在江山樓餞別朋友，再次

▲ 大正13年全島詩人大會於江山樓樓頂露天花園舉行

留下詩賦；新竹夷陵山人「倚聲」也寫下〈祝江山君江山樓落成〉誌慶；此後全島南北詩社或詩人擊缽吟詩聚會，甚至一般文人雅士和臺日畫家也都假此地舉行飲宴。江山樓一時生意旺盛，大有應接不暇之勢。

江山樓開幕兩個禮拜後，稻江另外二家酒樓春風得意樓與東薈芳的生意大受影響，於是祭出「致力烹調，親切招呼」的服務，迎戰江山樓，企圖挽回人氣。江山樓非省油的燈，也見招拆招，全力爭鋒。大正10年12月，忘年會在江山樓舉行，未免招待不周，會後送給消費的客人每人一份特製的小點心。

大正11年6月，吳江山聽從連雅堂的建議，主辦「花選」（票選藝妲）活動，開票當日布置二樓食堂，邀請北警察署官職員、稻江各

界重要人士到場監票，共選出三十名藝妓。第一名至第四名的獎品是一面匾額與聯對，以及東京名匠打造的金針飾品；第五至第十名贈金針；第十一至三十名則贈銀針。頒獎另擇期舉辦，並開三夜納涼音樂會，大手筆的「花選」活動，極盡能力的吸引市民。雖然藝妲選美活動辦得熱鬧，也有與會人士認為這只不過是「江關詞客，五陵年少」無聊的舉動，被點名推波助瀾者有許漢文、楊文廣和張角三人，況且評選的過程含糊草率，名不符實，直說「既名花花世界，則選者亦草草耳」。

　　大正12年4月日本裕仁皇太子渡臺後，24日中午在行邸宴會，總督府欽點江山樓與東薈芳共同籌辦臺灣料理宴。以後，秩父宮殿下、高松宮殿下、北白川宮大妃殿下、朝香宮殿下、久邇宮殿下來臺時，都指名江山樓烹調料理。江山樓廚師的手藝之佳有如致命的吸引力，連卸任的臺灣總督田健治郎，都特地邀請大師傅吳添佑赴日專門烹調。

　　大正13年9月，江山樓開業三週年，特別推出附贈品的抽籤券，消費五圓以上者即可獲得抽籤券一張，贈品包括銅製床臺、西洋櫥櫃器皿類、鳥毛被、銀製器具等數百種，且將一部分中外舶來品陳列於三樓，附贈品的促銷刺激消費慾望，也讓來客數日日滿盈。10月，江山樓趁熱再作促銷，每遇星期日或祭祝日（如日本的紀元節、天長節），自上午九時到下午五時，來店用餐即享八折優待。就在東薈芳舉行新樓落成紀念徵詩發表榜單同時，江山樓的贈品抽籤也在斯時公布得獎者，稻江酒樓的競爭更趨於白熱化。江山樓遠近馳名，大正14年9月，甚至有人邀請江山樓至南門外開設分店。

　　大正15年4月，萬華當地酒樓金和盛擇遷龍山寺前的公園邊，新

蓋一棟三層樓、可容納三百餘人的營業所，與東薈芳及江山樓鼎足而立。但因碰上景氣不佳，農業上蓬萊米歉收，商業上貿易商人金融困窘，花柳界大受影響，江山樓與東薈芳幾乎到了門可羅雀的地步，加上這幾家酒樓積欠遊興稅（屬檢番的藝妓至酒樓陪酒即「出局」，須納稅），其中東薈芳問題最多，除了負債欠稅，股東又失和，不幸在隔年昭和2年1月倒店停業。至此江山樓也負債累累，所幸有土地、建築物，還可融資，稍後擴張設備，度過危機，以後也又承辦了幾次總督府的貴賓宴會。昭和2年12月，江山樓主人連續刊登二十三篇談論臺灣料理的文章，更奠定江山樓的地位，儼然是臺灣酒樓的代表。昭和4年1月21日，臺北放送局聯合播放大阪放送局的廣播節目，其

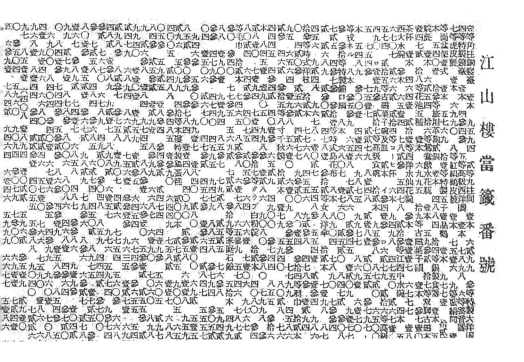

間也穿插江山樓樂師演出的「天官賜福」節目。昭和9年12月19日，不幸的噩耗傳來，江山樓樓主吳江山因腦溢血病逝，享壽六十。

　　吳江山之孫、前輩作家吳瀛濤，出生在江山樓內，中學就讀於臺北商業學校。昭和9年十九歲畢業後回到江山樓幫忙，而這一年也是其祖父、江山樓的靈魂人物吳江山病逝的同一年。然在此前一年，江山樓年輕經理郭秋生已在樓內與黃得時、廖漢臣等人組織「臺灣文藝協會」，創刊《先發部隊》，並加入總部在臺中的「臺灣文藝聯盟」。吳瀛濤在耳濡目染下，也在昭和11年參加發起設立臺灣文藝聯盟臺北支部。而昭和10年前後這段期間，適逢總督府舉辦「始政四十周年記念臺灣博覽會」，觀光旅遊人口突飛猛進，也恰是江山樓生意最

鼎盛的時期，單稻江一地的藝妓即有一百名，三分之一可說日語。8
月底，爲了迎接臺灣博覽會，並在第二會場南方館前的演藝館表演，
每日午後二時，稻江藝妓全都集中在江山樓樓上，練習流行歌劇和舞
蹈。另據吳瀛濤的回憶，昭和11年唯臺北一地，藝姐人數就超過四百
名，尤其集中在稻江的大酒樓如江山樓和蓬萊閣附近。文藝青年吳瀛
濤生長在如此特殊的環境，或因此造就對酒樓的藝姐生態異常熟悉，
其創作的小說〈藝姐〉也入選昭和17年的《臺灣藝術》小說懸賞募集。

　　昭和11年11月，《臺灣婦人界》雜誌製作「結婚披露宴費用專
題」，還特別將江山樓喜宴用的臺菜料理菜單放進去，顯見該樓已是
市民心目中數一數二的宴客場所。順道一提，除了臺菜料理以江山樓
爲指標，蓬萊閣的四川與廣東料理也是當時候的主要選擇。此外，西
洋料理的喜宴地點則有三處建議，一是頂級的鐵道大飯店，餐後點心
是紅茶與西洋甜點；二是臺北ボタン（牡丹）咖啡屋，餐後提供甜
點、新鮮水果以及咖啡；三是臺北モンパリ（我的巴里）咖啡屋，餐
點中則配有麵包、水果，還有飯後咖啡。

　　大正年間盛行的酒樓藝姐行業，到昭和初期已逐漸式微。昭和
10年雖然有臺灣博覽會再次炒熱，但其實當中有爲數不少的藝姐是從
中南部各地回籠，等熱潮過後，一來上班族與學生消費不起，二來人
們轉爲追求較新奇刺激的酒色場所，遂被咖啡館的女給所取代，連帶
的，過去舊式的酒樓也因此凋零沒落。江山樓在二次世界大戰前後苦
撐經營，仍抵擋不住大環境的變動，戰後不久終於轉售拆除，結束了
「登江山樓，吃臺灣菜，聽藝姐唱曲」的風光時代。

文化沙漠中的甘泉、大稻埕的「梁山泊」——山水亭

　　戰後無法跟上時代洪流，只能關門大吉的另一小餐館，則是在文化圈相當知名的山水亭。山水亭不似江山樓氣派華貴，但店舖的設計，從裝潢到菜色，一律採用道地的純臺灣味色彩。店內流連的也多是文人墨客，文學家、美術家、音樂家、影劇人、民俗學者、教授、記者等等知識分子，齊聚在此交心暢談，可說是一處文化交流、聚會的「梁山泊」。

　　尤其是山水亭老闆王井泉，曾加入「星光演劇研究會」，主持過「厚生演劇研究會」，偶爾還客串新劇的演出，堪稱影劇界的先行者。不只如此，亭主集音樂演奏家、演員、美術欣賞家於一身，在山水亭內孕育「臺灣文學社」創辦《臺灣文學》，自組輕音樂團，支持美術畫會、展覽，日後被譽為臺灣文化界的園丁，實不為過。

　　山水亭未開業前，昭和7年王井泉初任臺灣人楊承基經營、已轉型為洋式酒館的「維特」（エルテル）咖啡屋（一度更名「富士」，戰後易主改為「萬里紅」、「黑美人」）經理，在職期間將維特打理得有聲有色，除提升咖啡屋女服務生的形象，營業更蒸蒸日上，以致不久後有「孔雀」、「沙龍OK」、「百合」、「大屯」等性質雷同的咖啡屋在太平町陸續開設。王氏離開維特後，昭和10年秋，先與廖水來、藍火樹在迪化

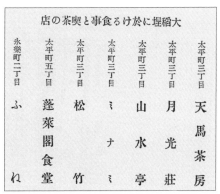

▲ 昭和17年大稻埕地區可吃飯喝茶的喫茶店廣告，如天馬茶房、山水亭等。

街開設「モナミ」（瞭望）喫茶店，由藍火樹主持；三個月後，又幫廖水來籌設「波麗路」西餐廳（レストラン　ボレロ），隔年正式開業。開幕時「波麗路」店內四面牆壁掛上大畫布，供顧客隨興揮毫、作畫；玻璃櫃內擺放著一架七十八轉的自動電唱機、盤式錄音機等音響，據說開幕後生意不佳，還曾經找來漂亮的美女，騎著馬、手拿海報，沿街打廣告。

　　畫家陳澄波、楊三郎、郭雪湖、許聲基、洪瑞麟、廖繼春等人，與一些藝文人士是座上雅客，經常聚集在此議論時事、籌備畫展，可說是臺灣畫壇美術運動的根據地。老闆廖水來不久也當起畫家的贊助

▶ 大正15年夏夜
喫茶店漫畫速寫

商與經紀人。波麗路一切就緒後，昭和14年，王井泉在延平北路創設山水亭，在同業間亦熱心餐飲業務，先後創立「茶心會」，與同業互相切磋料理技術；另擔任「バーテンダ協會」（即bartender，調酒師）評議員，培養吧臺調酒師，企畫協助咖啡店經營。開業後山水亭菜館餐點公認以小酌、麵點、簡易定食、營養鍋物以及東坡割包最特別。

　有記者讚揚山水亭，踏入位在二樓的店內，每個餐桌都有相當的間隔，僅僅這部分就可以讓人氣定神閒，感覺很好。此外還有餐桌上的插花、店內播放的音樂，星期六、日定期舉辦的音樂會，都令山水亭增色不少。服務人員是十三、四歲到十五、六歲的女孩，親切可愛，完全不必給小費，可以「隨意吃、別客氣、無拘束」的滿足客人的食慾，是一家趣味十足的料理店。山水亭也不是說毫無缺點，如食用的砂糖上沾有螞蟻，廁所、廚房入口有待改進等，但整體上稱得上是一家氣氛良好、料理美味的料理店。

　戰後民國42年，山水亭遷至民生路「波麗路」西餐廳附近，縮小經營規模；民國44年8月，終至閉門歇業。不管是王井泉其人、其事或其店山水亭，美術家林之助〈半樓〉（王昶雄譯）一詩即是最好的緬懷：

古井兄是位好好先生
畫家、文士、樂人們　每每都讓他請客

山水亭的又窄又陋的半樓裡　曾蠢動過臺灣文藝復興的氣流
有喜氣洋洋的景象　也有訴不盡的哀愁

大正文化末俗

大正時代末期的日常物質生活

　　日本經過日俄戰爭、第一次世界大戰，國家資本大幅躍進，臺灣總督府的資本主義殖民政策也加快了腳步，尤其米、糖事業的開發──日本糖業資本設立大型新式糖廠，而米穀生產與對日出口逐漸擴大。臺灣做為日本殖民地，於大正9年「始政」二十五周年之際，總督府總務長官（民政長官之改稱）下村宏對《臺灣日日新報》發表談話，積極宣傳臺灣「今後二十五年」爲「最有爲、最活躍的時刻」。10月1日開始實施國勢調查，展開全島性的第三次人口普查，臺灣總

▶ 大正15年臺北城內街頭即景漫畫，可見著洋裝、撐陽傘、腳踩高跟鞋的逛街女士。

人口數為3,654,388人，臺北市總人口數為176,524人，與日治初期明治29年臺北市人口46,710人相較，都市的商工業人口明顯增加許多。都市的日常生活型態已逐漸有別於傳統農業社會，上流階層社會與商工仕紳的趣味，也隨都市生活型態的改變而轉向新的休閒娛樂形式與飲食消費。除了三餐之外，做為交際、應酬、宴會、娛樂的新式酒樓或咖啡館提供餐點與喝酒的場所，具有「手續簡單、價錢低廉、時間經濟、選擇自由」的特色；而供應糖果、和菓子、西洋菓子、冰淇淋、冷飲、茶飲和咖啡等外來食品的喫茶店或日式點心店，則提供了另一種正餐吃飽以外、消費極為便宜的休閒空間——一杯咖啡五錢、十錢或十五錢即可消磨大半時間。

伴隨著多元文化社會的到來，大正時代的日本社會也產生新的休閒活動形式，電車路線的延伸，郊外社區逐漸形成，靠海則從事海水浴、釣魚等水上活動，近山則進行登山、露營、滑雪等活動。臺灣除了傳統的琴棋書畫等傳統休閒活動，這時期也逐漸透過殖民者的政治力挪植，接納近代西方的休閒文化活動與興趣。在藝術活動方面，有書籍、報紙和通俗刊物閱讀、音樂欣賞、西洋樂器演奏、美術、攝影、電影等；體育活動方面，則有健行散步、登山、運動競技、騎馬、游泳、球類（網球、棒球等）。

大正14年，正當總督府忙碌於即將到來的始政三十年紀念日，特地於6月15日舉行試驗性的廣播工程，包括臺北市、基隆、淡水、新竹、臺中在內各地，皆可收聽即將在17日放送的廣播節目，在萬眾市民的引頸期盼下，同月底，有業者向市政府提出承租本町空地設立臨時的遊樂場「樂天地」，占地一千餘坪，入口設有商店和小賣店，遊樂園內搭有舞臺，可放演電影、說書、傳統歌謠、手古舞（按：日本江

戶時代女扮男裝的一種舞蹈）等餘興節目；也特別為十歲以下的兒童
掘出一尺深的水池，供他們玩追金魚；此外，還懸賞角力比賽，並計
畫增添各種運動器具。入場者人數每達三萬人，就會舉行抽籤活動，
分別有特等獎一百圓、一等獎十圓、二等獎五圓、三等獎五十錢。免
費的休憩所外面，有販賣啤酒、冰淇淋、麵包、壽司等適合夏季的飲
食，除了知名品牌的啤酒館，還有一家マンハッタン（曼哈頓）咖啡
屋進駐。為期三個月的樂天地，像短暫而燦爛的煙火，堪稱大正末期
臺北市民大眾最盛大的娛樂遊樂活動。

　　大正年代活躍的政治社會文化運動，也讓總督府對自由主義思想
與文化啟蒙運動更加忌憚，一方面以治安警察法檢舉各地臺灣政治運
動菁英，大正15年1月起，帶有思想改造目的的「市民講座」也開始
於報紙上鼓吹宣傳；2月11日臺北市在「建國紀念日」首次舉辦，講
題有「所謂有色人種之反逆」、「建國與臺灣」、「東帝國的締造與新
日本的建設」；第二回則在3月10日陸軍紀念日（日俄戰爭勝利紀念）
舉行，除了各地祝賀會，並利用紀念日當日擴大舉行海陸軍聯合演
習，大肆宣揚窮兵黷武的軍國思想。

大正時代結束

　　大正15年11月14日傳出日本天皇身體不適的消息，與病魔搏鬥
的天皇終於在跨過12月25日的凌晨駕崩。是年年底，臺北街市「情
景諒闇」，有日人漫畫家舜吉畫了一幅插畫，對大正時代做了最為傳
神的註腳：

　　大稻埕的大街小巷各個角落，弔喪旗到處飄動，連兜售一文錢糖果的小販，手臂上也綁著黑布。喧鬧的大街昨天過了十點後，人皆銷聲匿跡，大嗓門的聲音或者賣麵的聲音，全都凍結在寒冷的天空。

　　哀悼的氛圍延續到天皇葬禮祭儀，臺灣各界也陸續舉行哀悼儀式，原本臺北城內頂著洋髮、洋帽，手拿洋傘、皮包，身著洋裝的摩登男女風景不再，每年歲暮商店聯合舉辦的歲末大賣出（年終大拍賣）取消，風月場所也暫停營業，紀元時間不長、卻轟轟烈烈的大正文化時代，落幕了。

◀ 大正15年底大正天皇逝世，街頭有民眾繫黑布臂綁哀悼。

昭和時代
咖啡屋大觀

昭和文青、咖啡屋與文化運動

昭和年代臺北島都與東京帝都的文藝青年

　　大正12年9月1日正午，日本京濱一帶發生大地震，據粗估全東京受震、火災燒毀戶，占百分之七十以上；受災人數2,386,740名，占人口約七成六強。震毀、燒毀的劇場、料理店與遊廓建物中，知名的帝國劇場、有樂座等劇場，精養軒、階樂園等料理店，大松閣、同幸樂等旗亭，洲崎、吉原等遊廓，皆全滅於此次震災中。這場釀成巨災的大地震，令明治末年至大正年間逐漸改正的東京都地貌毀於一夕，卻也開啓東京都市計畫的新契機。新內閣內務大臣兼帝都復興院總裁後藤新平，針對東京，率先採用歐美最先進的大都會概念之都市復興計畫。臺灣受日本都市計畫的影響，在1930年代後也展開新概念的都市計畫，寬闊的幹道、公園道及大型公園設施的設置，臺北市、花蓮港市、臺中市、高雄市、基隆、屏東、新竹、彰化等地皆大幅擴張市區計畫。一方面是重建復甦中的帝都東京，另方面是日漸擴張的島都及各市區，此時不管是競走日本的留學青年或是島內的知識分子，在書寫的文字當中，都不可免的帶出近代化都市日常生活、休閒與消費方式的面貌，或者更深層的社會環境與階級問題。

　　第一次世界大戰後到日本殖民統治結束前，臺灣旅日留學生已超過七千人，語言文字的熟悉與運用，讓這般智識青年在文化、政治運動的啓蒙或文藝創作上的表現有絕大的助益。而在描繪帝都留學青年的異鄉生活景象中，帶入昭和初期當時蓬勃盛行的喫茶店文化，首推

楊雲萍的小說〈加里飯〉。大正15年12月12日晚上，楊雲萍寫下〈加里飯〉中旅日青年的悲憤、寂寞與不安。青年期待接到家鄉的匯款，可是青年的父親的信上寫著：「近來吾臺之金融界大不佳，米價又落，租稅則一回加重一回……」青年只好懷著五味雜陳的心情到東京市街上躑躅。在街上猶豫之間，已經放過幾間咖啡店，最後才選定金星咖啡店。店門鑲嵌著紅、青、紫、綠種種有色玻璃，矩形的室內空間，六張方桌排成二列，收銀臺上擺上二盤紅蘋果，後方有簾幔隔出廚房，可聽見刀叉、器皿碰撞的聲響，女服務生身著肝色底、綠色花紋的圍裙。而此時滿心騷動不安的青年，咖啡店內女服務生的微笑和嬌態，此刻看起來都是虛假的、乞憐般的。而在另一篇〈青年〉中，青年迷戀咖啡店的「夫人」（madam），以為「夫人」是愛好他的。某夜裡，青年作了一場求愛的夢，青年像挫敗的蛤蟆流著眼淚醒來，他嘲笑自己，在現實中、在這金錢至上的人世間，夢想著不花錢而求得真愛，是多麼的寂寞與無望。

文化運動的聚會場所

▲「巴」咖啡屋女給吉田艷，昭和7年。

　　文藝青年張文環還未返臺結識山水亭老闆王井泉以前，曾於昭和8年3月20日與吳坤煌、蘇維熊、王白淵、巫永福、施學習等人組織「臺灣藝術研究會」，當時張文環曾接受右翼運動者

楊肇嘉的一筆資助，加上家鄉寄來的匯款，於東京本鄉區西竹町開設
「トリオ」（三重奏）喫茶店，充作研究會聚會的場所，不僅如此，更
是研究會吸納同志與贊助金的地點，而且機關雜誌《福爾摩沙》（フ
ォルモサ）也在喫茶店內胎動創刊。只不過喫茶店經營不久後，因收
支無法平衡而收店，《福爾摩沙》也在三期後中斷。後來臺灣全島文
藝作家大集合，在昭和9年5月6日下午二時，於臺中市小西湖咖啡屋
（カフェーセイコ）召開文藝大會，乃決議成立「臺灣文藝聯盟」。南
瀛作家郭水潭參加此大會的印象記提到，會中「有股沉重壓力感向大
家吹襲過來」，原來有可怕的警察「大爺」在監視著，不過「咖啡廳
女郎都從容面對大夥兒湧進的大家，只看若無其事地附和唱片節奏婆
娑起舞，不難猜想，事情沒有什麼不得了」，女給的招待周旋倒也沖
淡了當時現場的肅殺氣氛。至年底，張深切等臺籍作家亦假臺北「沙
龍OK」咖啡屋召開「《臺灣文藝》北部同好者座談會」，暢談文藝
大眾化、臺灣歌謠及如何振興臺灣文藝等諸問題。而後東京的臺灣藝
術研究會部分同仁也轉入文藝聯盟，並以「臺灣文藝聯盟東京支部」
名義召開茶話會，第一回於昭和10年2月5日晚上七點開始，地點選
在新宿的「椰魯碟陸」（エルテル，維特）餐廳；昭和11年6月7日
東京支部同仁在明治製菓西餐廳又召開「臺灣文學當面の諸問題」座
談會，出席者另有張星建、劉捷、吳天賞、翁鬧、顏水龍、陳垂映等
人。

　　茶話會舉辦前後一年，已有楊逵〈送報伕〉入選日本文學雜誌
《文學評論》第二獎（昭和9年10月）；呂赫若〈牛車〉在《文學評
論》發表（昭和10年1月）；昭和10年，張文環小說〈父親的顏面〉
也入選《中央公論》小說徵文第四名，據說還有翁鬧〈憨伯仔〉（後

來也在《臺灣文藝》發表）作品入選改造社《文藝》雜誌徵文選外佳作，隔年座談會的對談氣氛也就熱絡不已。參加座談的浪漫派文藝青年翁鬧，原是臺北師範生，在卸下教師之職後，留學東京，期間除投稿《福爾摩沙》創刊號，昭和10年8月也在《臺灣文藝》二卷八、九合併號上發表小說〈殘雪〉，小說一開頭即道出主角「林春山」又到常去的喫茶店「愛登」，選定廂座傾聽東京正流行的舒伯特〈未完成交響曲〉，在喫茶店內，因為點咖啡，遇見從北海道逃家至東京謀生的女侍喜美子，後來喜美子為了躲避親戚的找尋，輾轉服務於東京的喫茶店——大森的王子喫茶店、品川的小貓喫茶店。林春山也因為喜美子，讓他憶起家鄉傾慕的、但無法結合的對象——養女「玉枝」。春山旅日三年後，玉枝寄了一封附上匯票的信給他，才知道玉枝為了反抗媒妁的婚姻，已經離家到臺北的喫茶店做事，與喜美子若有似無的情愫，又想起和玉枝之間優柔寡斷的感情，讓林春山擺盪在兩位女性間，喜美子最後還是回到北海道，而林春山沒有回到臺灣，也不到北海道。一位在臺南女校受教育，一位則在札幌的女校受教育，卻不約而同的流落島都臺北與帝都東京尋求現代夢，〈殘雪〉可說道盡昭和時代受教育的女性極欲脫困傳統婚姻價值的情境，也描述了帝都留學青年的蜉蝣性格。

　　較翁鬧〈殘雪〉稍早的4月，「臺灣藝術研究會」同仁、《福爾摩沙》雜誌集團成員，剛從明治大學文藝科畢業返臺的巫永福，小說〈山茶花〉也在《臺灣文藝》二卷四號上發表。與〈殘雪〉的時代背景相仿，同是旅日青年的「龍雄」，一日在東京街頭等候女朋友月霞，卻不期巧遇公學校時代的青梅竹馬鄰居秀英。由於月霞失約，龍雄的心情低劣，只好勉強將要前往春日町文化住宅訪友的秀英陪他吃

晚餐，在途中，秀英想請龍雄喝熱咖啡或牛奶，走路閒聊中，龍雄卻把秀英帶到春日町的日本料理店吃飯、喝酒，並約定下一次秀英的來訪。以後在與秀英的話家常和約會當中，感情逐漸加溫，有理性的新女性月霞也慢慢被龍雄冷落。但與秀英的感情中，卻又有同姓不能結婚的習俗橫亙，苦苦折磨著兩人。龍雄在秀英與月霞兩人間猶豫抉擇，無法下定決心，漂亮、雪白的山茶花意象，不禁飄然飛舞，輕輕的落上心頭，可說又是一幅旅日青年的苦悶形象。

　　赴日學習速記的記者劉捷（因日本壓制思想言論自由，有所謂「人民戰線」大檢舉，曾與張文環同時被捕，坐了99天牢獄），在東京的短期修業中，對東京到處林立的文人咖啡店（喫茶店）也有生動的記憶，「十圓錢一杯的咖啡，可以長坐欣賞音樂或與文人作家同坐交談。」東京的喫茶店是一般文人、學生聚會休憩的場所，劉捷在此也結識不少作家，如秋田雨雀、中野重治，評論家大宅壯一、森山啓等人。

　　劉捷回臺後，因採訪的機緣，昭和9年前後曾與臺北跳舞場羽衣會館的舞女金雀發展一段情愛。據說此人是南部大米商的千金小姐，後來轉至「沙龍OK」當女服務員，並在一次美女選舉中高票當選第一名，「金雀」之名因此得來，但半年後傳來金雀病故於中部的消息，劉捷也曾寫下憑弔此女的紀念詩文。昭和9年底，舊文人施梅樵也作有〈珈琲館即事〉一詩，形容男性耽溺「カフェー」之風雅：「眾香國裡住些時，角勝場中出健兒；傾盡壺觴泮醉死，只應心血付娥眉。」

　　昭和11年8月16日，臺中地方文藝人士如林朝培、楊逵、葉陶、吳滄洲、林越峰等人在「月宮」咖啡館舉行「臺中演劇俱樂部」成立

會議。會議決定研究會命名、組別、各組幹部和成員等，並將事務所設在「臺灣新文學社」；12月，楊逵創辦《臺灣新文學》將屆一周年，6日也選定臺北高砂食堂舉行「臺灣文學界總檢討座談會」，會中由黃得時主持，朱點人、吳漫沙、張維賢、施學習、鹿島潮、宇津本智等臺日文人皆在座，暢談、檢討當年度的文學界概況。

　　1930年代島都臺北與帝都東京時空環境的變遷，甚至臺日兩地小型都市的興起與農業社會的萎縮，到底也牽動著旅日青年或學成返臺青年的日常生活。所創作的小說，與喫茶店似乎有不可避免的交集，其實也是當時代的旅日青年，走上這條文化精神反抗的荊棘之路後，在島鄉與帝都的愛恨間、難以掙脫的傳統慣俗壓力以及臺灣人不平等的種種處境中，透過小說中人物往返於當時摩登喫茶店的足跡與仰息，反而成為帝都留學青年另一幅相當貼近都會生活型態的側寫。

　　昭和6年滿洲事變（九一八事變）後，臺灣總督府對島內政治社會活動的打壓更趨嚴密，彼時社會運動猶如王詩琅的小說〈沒落〉所言，「這小島上的社會運動像在颱風前的燈火一齊吹滅」。「黑色青年」王詩琅即曾因「臺灣黑色青年聯盟大檢舉事件」（昭和2）、「臺灣勞動互助社事件」（昭和6）、「日本

▲「巴」咖啡屋舞女凌子小姐

無政府共產黨大搜捕事件」（昭和10）牽連，多次被捕入獄；文藝鬥士楊逵也從「朝鮮人演講會」（昭和2）後，在戰前經歷十次坐牢；臺灣新文學之父賴和在大正14年因「治警事件」第一次入獄，昭和14年珍珠港事變次日第二度入獄。有能力書寫的島內知識青年，多數以文藝創作抒發社會上的不公不義，以羸弱的筆桿反抗當局，但小說中主角卻往往是現實生活的失意者，過去智識的啟蒙，以及後來社會運動的挫敗，加上現實生活的磨難，理想與現實在心底的衝突，總是如鬼魅般纏繞不去，這樣的環境下，有人迫不得已將自己的女兒送入咖啡店做女招待。

　　王詩琅的〈夜雨〉中，參加全臺北印刷工組合罷工而失業的「有德」，雖有道德勇氣，最後仍不得不叫女兒去做剛開業的「娜利耶」咖啡店的女招待，即使這家咖啡店有宏亮的留聲機、紅紫的霓虹燈，立在太平町的十字街頭展現新的魅力；或有人選擇到咖啡屋、酒家以賭博或酒色麻醉自己，在〈沒落〉中的耀源，「這樣殆無寧日在麻雀和咖啡店妓樓裡鬧到人靜夜深」，唯有裝潢高雅奢華的咖啡店，才能夠鎮撫賭博時興奮的神經。又或如〈十字路〉中，卑屈的下級銀行員，對枯燥的生活感到乏味迷茫，失卻現實生活上探求和鬥爭的精神與勇氣，鎮日在咖啡店醉飲麻醉自己，淪為物質與酒色的禁臠。現實生活的打擊與窘困，與咖啡店、酒家內的五光十色形成強烈對比，讓這批人物內心的頹廢與虛無感，找不到未來希望與方向，仿如賴和〈赴了春宴回來〉，被稱為聖人之徒的「自己」，「一被邀進過咖啡館，在肉香、酒香，還有女人的柔情、媚態的包圍中，一次、二次……心也活啦。」也只有等到酒喝下肚，嗅聞了女給們的胭脂粉味，才算把空虛感填平。

　　同受「臺灣黑色青年聯盟大檢舉事件」之累的作家楊守愚，作品〈元宵〉（昭和6）一文更顯露青年宗澤處在舊時代與所謂「進步時代」的難堪與悲哀。楊逵在〈萌芽〉中，也道盡知識男女青年被貼上「有色分子」標籤的艱困處境，主角「亮」其妻甚至當了十年的女侍，而有「文學女侍者」此種不雅的代名詞。

　　而農村與城市對比起來，生活更加嚴峻。作家林越峯〈到城市〉（昭和9），主角受不了農村生活的困頓，喚起了對摩登大城市的憧憬，想作黃金夢的心理作祟著，「到城市去吧！城市有高偉的洋樓，有燦爛的水銀燈，有滑油油的大馬路，這是多麼美麗啊！」住在城市裡的人，還有「汽車坐，有大菜吃，還有跳舞廳跑！這是多麼幸福啊！」

▲ 明治製菓專賣店三層樓外觀

　　昭和13年4月，張文環回到臺灣，在臺北謀職時暫住王井泉的山水亭三樓，一時與大稻埕的臺日各界文化人士交往，如陳逸松、黃得時、呂赫若、詹天馬、蔣渭川、王昶雄、楊逵、簡荷生、謝火爐、辜振甫、中山侑、林博秋、呂泉生、

▲ 明治製菓專賣店一層樓賣場，登上二樓即為喫茶店。

簡國賢等人，山水亭也成爲戰爭時期臺北稻江藝文活動的中心之一。在這年年底，張文環感受島都萬華與大稻埕的不同程度，隨筆中特別提及花柳街與電影院，也可以是觀看一個都市風俗習慣差異的一種路徑。「要談論大稻埕，就把女服務生或藝姐拿來論臺北的風習，或許會被人說是草率了一點。不過，要了解一個都會的風習，窺伺這種花柳街的情形也是一種方法。」到了1930年代末期，藝姐間的藝姐與喫茶店的女服務生，兩者的身分已經沒有什麼差異，原本能歌善舞、吟詩作對的藝姐，此時期已經連胡琴或琵琶都不會拉彈，大都只會尖聲唱歌。而喫茶店的女服務生，年紀輕輕的，則是過分的濃濃化妝，佯裝大人的說話語氣，也令張文環感到作嘔。昭和10、11年間，葉榮鐘擔任《臺灣新民報》通信部長時，對式微的藝姐稍有接觸，同時也留下幾首打油詩，形容臺北名噪一時的幾名藝姐，如鳳英、奎府治、月英、幼良、彩青、枝梅、根根等人。其中有詩：「三分持重七分嬌。北里居然壓俗僚。一段身材修恰好。環肥燕瘦兩無聊。」即描寫鳳英身姿。

昭和14年9月，「臺灣詩人協會」在榮町明治製菓二樓喫茶店決議成立，決定發行機關刊物《華麗島》，並以西川滿爲發行人；在12月的創刊號上，可看見臺灣作家楊雲萍、郭水潭、王育霖、龍瑛宗、水蔭萍（楊熾昌）、黃得時、邱炳南（邱永漢）等人發表文章。也因投稿作品的數目驚人，西川滿不滿於此，繼續擴大詩人協會而成「臺灣文藝家協會」，純詩誌《華麗島》的第二期也變成翌年1月的《文藝臺灣》發行。另11月1日，有臺灣詩人協會與臺北兒童藝術協會假明治製菓二樓合辦來臺環島旅行的童謠作家野口雨情歡迎座談會，每人只要繳交五十錢喫茶費就能自由與會。

　　昭和15年，《臺灣藝術》雜誌舉行藝姐座談會，張文環任主持人，與會者有秋子、椿、初江、鶯鶯、瀧子、陽子、胡蝶、小美、菊龍等女服務生（女給）與藝姐（藝妓），冀望能暢談嗜好、從事該工作的動機及日常生活。隔年張氏完成的小說〈藝姐之家〉，或肇因於此座談會之機緣。

　　喫茶店或咖啡店內的活動，不論是單純的提供一處聚會消費的摩登空間；抑或社會運動勃興的大本營；或有時如黃得時所言，是志同道合的記者朋友或業餘作家一同坐坐，舉辦座談聊文學、舉辦小型畫展欣賞繪畫、聆聽古典音樂的場地；不僅如此，喫茶店或咖啡店甚且化身文學作品中極為重要的時空，種族與社會問題、人性攙和著酒色財氣，皆無所遁形，至少也讓後人看見更多的意義在這之中交會、迸出火花。它可以是挫敗的知識青年逃避與麻醉的地方，也可以是政治、社會運動的訴求或文化、文學、美術思潮萌芽的場域。「カフェー」的世界因此更加的魅惑迷人。

◀ 1930年代臺灣的「現代藝妓」，畫面中正凝視著觀看者。

最風行的休閒活動在臺灣

尖端的跳舞時代

　　昭和初期臺北市人漸漸風行時髦的社交跳舞，各咖啡屋、酒館的經營者在店內無不備置留聲機（蓄音機），播送跳舞曲盤（唱片），「酒席之間，遊客拍掌聲和」。昭和5年當時並無專門的跳舞場或舞廳，於是有人就動到開設跳舞場的腦筋，最早想要經營舞廳的是大稻埕的高樹發，繼而經營公園獅的店主篠塚初太郎和另一商人田中吉也曾想要申請設立，但因無取締規則而未被許可。而「古倫美亞」（Columbia）唱片公司先走漏洞，在9月21日、22日兩天，假公園獅二樓大廳舉辦「舞蹈音樂觀賞會」，跳舞場內布置紫色氛圍的光線，小舞臺上擺設蓄音機充當DJ，與會的青年男女約六十名，原本忸怩的態度在義大利老外舞者和女服務生隨著爵士樂翩翩起舞後，眾人也情不自禁地躍入舞池，直接帶動了跳舞時代的來臨。隔月，鐵道飯店趁熱也提出舞蹈會的申請，但臺北市南警察署基於公開場所的取締方針否決了鐵道

▲ 咖啡屋、酒館時代跳舞盛行時，小舞池中常可見相擁的男女雙人舞者。

飯店。其實公園獅店主篠塚氏在正式提出申請舞場前，早於店內改裝
酒吧間與包廂，陪客人跳舞已是女給的其中一項服務。

　　當流行的風氣一開，勢必無可抵擋，乃有大稻埕和萬華的跳舞
同好游走禁律邊緣，採會員制度組織同聲俱樂部。昭和6年9月14日
晚上七點，同聲俱樂部舞蹈會在臺北市日新町二丁目的會館內盛大舉
行，共有上流紳士、淑女三百餘名參加共舞。是月26日，另一欣踏俱
樂部亦假基隆公會堂舉辦大舞蹈會。10月起，同聲俱樂部又接著開辦
第一回舞蹈會；另外，大稻埕對跳舞有興趣的青年男女也發起同好社
交舞蹈俱樂部，會員約五十名，舞蹈場即設在臺北市永樂町三丁目吳
服商老成發號樓上。走在時代尖端的社交跳舞風靡大都會，終於在昭
和7年迫使官方修訂公開場合跳舞場相關的取締法則。

　　景氣越不好，耽溺於酒色的人們卻越來越多，有電唱機的咖啡
店、酒吧等飲食店大為流行，如果還與藝妓在小房間玩擊鉢吟、唱
小曲，那就太遜了。昭和5年以後，臺北冠有「カフェー」的店進入
了第一波全盛時期，堪稱咖啡時代的黎明來臨期。但同一年10月27
日，能高郡山區卻發生了驚天動地的霧社事件，不安的情形且延續至
翌年，事件的衝擊，加上日軍侵華步入戰爭時期，不管是臺灣島民或
是理蕃政策施行，總督府都逐漸走向皇民化政策統治階段。

時代的尖端寵兒──「カフェー」繁昌記

　　昭和5年春，咖啡屋興起的一波流行高潮，令人不得不正視它的
發展。被譽為臺北咖啡屋界雙璧的公園獅與巴咖啡屋，或者如南國、
牡丹等店，吸收日本咖啡屋趨勢，皆在此年改裝酒吧間與包廂。咖啡

屋內有西洋的爵士樂和日本的傳統小曲音樂互相交融，當女給隨客人起舞時，又有華爾滋舞曲伴奏，咖啡屋的氣息逐漸轉向。其中公園獅最吸引年輕的知識分子階級客層來店消費的，應屬當紅女給雪子小姐。雖然有點年紀，但短髮洋裝的打扮，加上曼妙熟嫻的舞姿，陪客人一曲華爾滋，也讓一些客人拜倒石榴裙下。

來到昭和6年度，跳舞風行的程度教人吃驚，連漢文詩社的詩人們也無可抵擋。6月15日發刊的《詩報》第十四號，萬華高山吟社由左詞宗王省三、右詞宗黃文虎領銜，以「跳舞女」為題，在曼妙的舞步「左右一」、「左二右三」、「右二左避」等節拍中，社員紛紛擊缽吟詩，舉黃福林〈左三右八〉為例，舞蹈場上的舞女形象呼之欲出：

國色妙齡女，登場獻技跳；双双如蝶舞，雨雨似鶯飄。
踏踊娥眉秀，抱璇蟬鬢嬌並；身輕飛燕比，端得慰無聊。

文士目睹現代化時潮的感官衝擊，跳舞場內流轉的舞女婀娜多姿，也在王省三〈右二左避〉中化為文明倩影：

文明今世女，歌踏趁時潮；宛轉移蓮步，蹁躚舞柳腰。
形容無限好，體態不勝嬌；夜會堪為樂，双双握手跳。

連傳統文人也墮入歡樂舞池，爭相賦詠舞女風姿，上層社會所瀰漫的追逐流行的氣氛更不消說了。然而這樣的跳舞趨勢，當然引來警察署的注意，各大城市紛紛出現取締管制的報導，但時尚潮流無可抵擋，昭和7年官方終於制定「舞踏取締規則」。

行動咖啡屋

　　大正12年4月，森浦清太郎在臺中大正町臺中公園內設立「カフェートモエ」（巴咖啡屋），可算臺中市最早冠上「カフェー」咖啡屋形態的經營者，因而開啓了臺中市的「カフェー」年代，並奠定了他在中部的料理事業版圖。森浦清太郎其人有料理界的「高手」和「奮鬥家」的美譽，曾經營「日之本」、「賀」等料裡店，並在昭和6年6、7月間，日本皇族賀陽宮殿下南下巡遊臺中之際，承做料理而獲頒感謝狀。

　　最教人驚奇的是昭和6年6月中旬，臺中市街頭突然出現一輛自誇走在時代尖端的「移動咖啡屋」。所謂「移動」，並非帶著簡陋器具到處亂跑的手推車，而是裝備一應俱全的一輛餐飲車，內部配有可容納十二名客人的椅子和桌子，一般想吃的料理都做得出來。這樣的一輛行動咖啡車即森浦氏的創舉，森浦氏同時也是一位汽車組裝迷，結合汽車與咖啡屋，不愧為走在時代尖端的前瞻性創意，因為當時的臺灣還沒有人想到這個點子。於是每當臺中公園、水源地或球場等有舉辦活動的地點，就能看見行動咖啡屋出沒。沒有特殊活動時，夜晚就停在適當的地方，成為散步者可享受的簡易吧檯。如果隨時聽見有人喊叫女服務員，也無須見怪。

　　昭和7年度，森浦氏在這一年有拓展事業的動作，另在市內新高町開設「巴」咖啡屋分店，主打西洋料理；昭和8年，森浦氏投資大約一千圓，將「巴」咖啡屋遷設到市內新富町柳川的河岸邊，店內且隨時代潮流與時俱進，整日播放爵士樂和合唱樂曲，讓客人完全沉醉在五光十色的歡愉氣氛中。為了立足中部，更直接從日本內地招入美

人女給三名，與其他一批新人，準備卯足馬力，以百分百的女給服務品質，掀起咖啡屋競爭的高潮，其服務的內容與氣勢，完全不輸東京當地的咖啡屋。

昭和8年7月後，有一臺灣人周添財接手在公園內原休業的「巴」咖啡屋店面，新開了一家「清風亭」咖啡屋。此時的公園已重整花園、水池，在夏日暑熱中，坐在咖啡屋內，可享受徐徐涼風，觀賞水池噴泉與遊客垂釣、划船的景致。清風亭開業後還聘請臺北第三高女（今中山女中）出身的玉子和雪子兩位妙齡小姐擔任女給，拉抬形象以吸引客人。到了9月下旬，以絕佳地點優勢、場地清潔、價格低廉見長的清風亭，生意漸入佳境，客人絡繹不絕，成為公園內的人氣店。但前經營者森浦氏一聽此消息後非常吃味，極想要回經營權，並計畫拆除舊屋重新改築，於是不斷與屋主交涉、關說市府當局，更透過警所巡查對清風亭施壓，希望清風亭業主知難而退。糾紛經由報紙披露後，一般市民對於這樣的手段均議論紛紛，或因此，這場爭奪戰才不了了之。

昭和11年度，在臺中市相關的商工名錄中，「巴」咖啡屋已不在經營名冊內，曾經在中部咖啡屋界引領風騷的佼佼者，似乎也沒有留下多少痕跡。

◀ 臺中在昭和6年也出現一輛移動咖啡車，店主森浦清太郎即原本在臺中公園開設最早冠上「カフェー」的「巴」咖啡屋的老闆。

昭和時期的世界變局與大眾生活

從滿州事變到蘆溝橋事變

　　從昭和6年（1931）滿州事變，到昭和11年日本二二六事件和昭和12年侵中的蘆溝橋事變之間，是日本都市文化最繁榮的時期，但也是帶給世人最大災難與痛苦的時期。占日本大約百分之五十的國家總預算都用在軍事費用上，直接造成農村貧困狀況，城鄉差距越來越大，當時有調查報告指出，日本東北的小農村出現「沒有少女的村莊」，其中有山形縣最上郡西小國村十六歲到二十六歲的妙齡少女，出外工作的約四百人當中，竟有四分之一的人賣淫。反觀東京市的新潮摩登男女，在銀座街上逛街躑躅，夏天則到海邊消暑；以磚瓦建蓋的文化住宅以及西洋廚房、電器，大力向中產階級推銷；而從昭和3年左右起，專門以上班族和學生爲服務對象的喫茶店與咖啡館如雨後春筍般開設，光昭和10年的統計，僅東京市內就有一萬五千至兩萬家。有人說，昭和時代也算是喝咖啡與吃飯、喝酒分離，進而獨立的時代。

　　臺灣自從大正9年以後經濟景況逐步下滑，原本特別盛行的鋪張宴會也轉爲沒有陪酒女性的西餐餐會，不過趣味性的嗜好則幾乎與日本內地同步，如室內流行的打麻將、撞球、圍棋、將棋、跳舞、音樂會、電影等；室外的活動則有散步、旅遊、納涼會、賽馬、自行車競賽等。而在花柳界方面，昭和初期除了酒樓、旗亭和娼館的消長外，臺北市的餐飲文化也受日本內地的影響而逐漸明顯，成爲喫茶店、咖

啡屋和酒吧的首波黃金時期。昭和6年的《臺北市史》對臺北市人的
遊興即有概略敘述：

　　喫茶店正在興隆繁榮，生意日漸旺盛。另一方面，亦已看到啤酒屋更
進而酒吧之開業，依美貌女服務生之服務招引顧客，酒吧中甘醇之美酒，
加上美麗女服務生之服務，便能以比較便宜之花費，享受一夜之遊興。

　　新興的喫茶店、咖啡屋與酒吧順應時代需求日益增多，競爭者
也相對激烈，於是經營者絞盡腦汁在室內裝潢以及設備上表現時代氣
氛，「五彩繽紛的燈光，有趣的留聲機之爵士音樂」，再加上貌美、
服務周到的女服務生，昭和時代的喫茶店、咖啡店與酒吧，呈現了時
代變遷的風貌。此時期新起街市場內的廣場，除稻荷神社，還建有啤
酒屋，八角堂二樓原本的賣場也早已改闢為簡易餐廳，賣起日本料理
及西餐、酒類，亦兼營喫茶店。而臺南明月樓酒館，也不得不在這股
風潮下改變服務形態，酒館內的藝妓也穿起圍裙，以女服務生的裝扮
接待客人。

　　但在離開都市之外，地方蔗農與製糖會社的對立與衝突日益嚴
重，二林事件以及嘉義三菱竹林事件只是冰山一角，連訪問過臺灣的
東大教授矢內原忠雄都不忍坐視殖民地社會所受的「壓迫榨取」政策。
大正15年7、8月間，曾經提供三千圓資本辦《風月》的臺中仕紳文
人吳子瑜之私有土地，也被日糖虎尾工場侵占用作鐵道路線，致使吳
氏憤而提出告訴。地主尚且遭受此等待遇，可想而知，受大型株式會
社壓榨的農民會是何等慘狀，只不過高度資本化的這頭巨獸，依舊無
可抵擋的橫衝直撞向前進。

高雄港勢展覽會

　　自明治41年高雄築港工程施設以來，高雄的發展情勢大步邁前，但到昭和5年度經濟景氣仍不見好轉。是年底，高雄市政府決定以促進大高雄產業及高雄州廳舍落成爲旨趣，籌備大型的「高雄港勢展覽會」，舉凡陸上運動競技、賽馬、海上扒龍船、舢舨競賽、店頭櫥窗比賽，以及街頭裝飾、電影放映、演藝表演和迎媽祖遶境等餘興活動，皆被廣泛討論。會期從昭和6年5月1日開始至5日結束，但因展覽項目眾多，後來又順延一天到6日。活動期間南部的料理屋、貸座敷等花柳界總動員，每日的下午一點到四點，藝妓與「カフェー」店女給在演藝館（高雄劇場）與茶店演出「新興高雄大行進曲」節目，呈現高雄港開港後的高雄情調，三十錢均一票價的演藝節目可說人氣最旺，不得不又延長至7日，並加演夜間場次。而在第一會場高雄州廳內除有森永製菓會社進駐販售產品，會場前另有兩家喫茶店臨時設立，一家爲森永製菓，一家則爲掛名宮本荒次郎所經營的冰棒吧臺車。來到昭和7年度，高雄州廳內也接受「カフェー」進駐爲御用食堂，有商人開設「タカオ（高雄）カフェー」，強調大眾本位的食堂，提供二十錢均一價格的飲食物。

廣告祭與商業美術展覽會

　　十九世紀末、二十世紀初，象徵國家實力的萬國博覽會在各城市競相舉辦後，日人藉由參展與觀摩，大量吸收西方近代藝術與設計思想，也直接影響殖民地臺灣的美術教育與設計觀念。大正15年臺中舉

辦「中部臺灣共進會」，官方設置「海報館」主題展，即首次有系統的蒐羅並介紹世界各國的海報設計。做為商業行銷用途的一環，商業包裝與商業廣告宣傳賦有刺激消費慾望的目的，應用在商業活動上，「商業美術展覽會」乃應運而生。昭和5年11月初，「臺南市文化三百年會」期間，臺南新報社即主辦大型的廣告祭遊行「廣告意匠行列」，參加的商店有66家，人數七百多名，連新町的藝妓也加入舞臺的裝飾活動。是月20、21兩日，臺北市榮町也推出國產愛用展覽會，在聯合廣告祭遊行隊伍的參加名單中，菓子商一六軒、明治製菓、森永製菓等皆在行列內。昭和7年7月20日起連五日，總督府殖產局主辦的「商業美術展覽會」在舊廳舍舉行，有臺北商工會和臺北實業會力挺，一舉將美術展覽會、「廣告祭」遊行、票選「飾窗裝飾競技會」及講演會囊括開辦。官府與民間企業聯手，活動聲勢浩大，其主要旨趣與目的再三強調廣告宣傳與商業經營密不可分的關係，且在開拓商品銷路上助益極大。

　　接下來23、24兩日的廣告祭，第一天的遊行路線自新公園起，經本町、表町、市役所、御成町，進入大稻埕，再沿北門、京町、榮町，返回新公園；第二天仍自新公園起，經總督官邸，出南門，由千歲町三丁目轉出軍司令官邸前、植物園、南門小學校，再繞行萬華一周，經芳乃館而後回到新公園。廣告祭當值酷暑，臺北茶商公會特別準備上等烏龍茶，第一天在新公園和太平町三丁目附近；第二天則在新公園、萬華及新起町橢圓公園附近設立免費喫茶所，現場還有漂亮的女服務生接待奉茶。行列中，菓子商一六軒「新高製菓商會」、明治商店臺北販賣所與「カフェー」業者「トモヱ」（巴）、「美人座」、「ボタン」（牡丹），皆費思巧扮遊行的人員與花車，如「ボタン」的

▲ 昭和7年商美展廣告祭中明治製菓的遊行宣傳花車

汽車外圍以大型看板作整車包覆，駕駛座前方設計為巨幅的美人女給頭型圖案，車身兩側有啤酒瓶圖案強化「カフェー」店的酒館服務特色，座車後端則以吧檯造型做為視覺焦點，吧檯內並有三位女給隨車遊行。

　　展覽會的效益直接而明顯，第二日的參觀人數已突破二萬人，亦讓各地市街群起效尤。昭和7年8月14日起三日，高雄市商工會假物產陳列所也舉辦商業美術展覽會，除了廣告祭外，活動中還企畫「納涼聯賣」、電燈裝飾競技、汽車廣告遊行以及其他餘興。9月，臺中

市接著舉辦商業美術展覽會，三日內入場觀覽人數達五萬五千人。同月底，新竹商業美術展的入場者約有三萬人。昭和8年6月，臺北商工協會利用大稻埕霞海城隍祭典期間舉行「飾窗競技會」和廣告祭前夕，即在大稻埕聯合廉賣會會場入口、永樂派出所前立起了古典的巨型大看板，「弄獅、舞龍、探寶、變裝、花火、角力」等活動設計樣樣來；9月有斗六街商工會舊曆中元節（日人的盂蘭盆會）期間舉行的「廣告祭」；昭和9年11月萬華「第一回秋季祭典」的廣告祭等，皆可見商工會結合慶典與商業活動的企畫。

以日人為主要成員的臺北商工會，仿自大稻埕霞海城隍廟祭典的商業活動，在昭和11年5月，也將迎神賽會與商展擴大舉辦。第一屆「臺北商工祭」熱鬧登場，企畫「祭典」、「時代」（女給與藝妓組成

▲ 昭和7年臺北商業美術展覽會遊行，ボタン（牡丹）咖啡屋的花車，車上坐有女給，右側站立者為店主森方男。

的時代化妝行列）、「廣告」、「藝閣」等四大主題遊行，而商店競賽
項目則分窗飾與商店訪問競技兩種；夜間則有藝妓女給舞蹈表演、兒
童節目、施放煙火等餘興場次。昭和12年5月10日，第二屆臺北商工
祭規模更大，除了主題遊行，「舞踊大會」、「花火大會」、「窗飾競
技會」及其他餘興活動依然熱烈，可說商業促銷拍賣手法的集大成。
在遊行的隊伍中，商工會沿用臺人藝妲組成的傳統詩意閣行列，成為
其中一支主題，過去在臺人的迎神民俗祭典中，藝閣始終占有重要地
位，甚至發展到後來令清官府有「敗壞風俗」的隱憂，清末唐贊袞《臺
陽見聞錄》（清光緒17年）「賽會」一目即曾載錄藝閣在臺南盛行之
風，以致官方不得不祭出嚴禁手段：

　　臺南郡城好尚鬼神。遇有神佛誕期，斂費浪用。當賽會之時，往往
招攜妓女，裝扮雜劇，鬥豔爭妍，迎春大典也。而府縣各書差亦或招妓裝
劇，騎而前驅，殊屬不成事體。他如民間出殯，亦喪禮也；正喪主哀痛迫
切之時，而親友輒有招妓為之送殯者。種種冶容誨淫，敗壞風俗。余蒞府
任後，即出示嚴禁。如有妓女膽敢裝扮遊街者，或經訪聞，或各段籤首指
名稟送，立准將該妓女拏辦；其妓館查封，招妓之家並分別提究，此風漸
息。

　　文中指稱之「妓女」即習有戲曲技藝的「勾闌藝妲」，進入日治
時期後，艋舺地區大小戲班女優藝妲盛出，藝閣妝扮遊行活動復燃，
舊文人亦賦予藝閣「詩意」雅號而成「詩意閣」，詩人、史家連雅堂
在昭和7年12月6日《三六九小報》「雅言」專欄，嘗謂臺閣的詩意
取材與表現別開生面。其實連氏在論及臺閣美醜之前，為提升藝閣的

▲ 大正15年迎媽祖遶境中的藝閣

藝術層次，已實際動手設計藝閣。先是臺南綢緞商錦榮號邀請設計，連氏不負眾望，取「天孫織錦」意象，以大量的綢緞營造花船，再以探照燈爲月，七色電燈之七星相傍，在迎天后祭典的藝陣中絢爛奪目，觀賞者莫不叫好稱讚；後有昭和5年6月霞海城隍廟藝閣的遶境比賽，也曾接受大稻埕江山樓囑託，兼任爲素人藝閣設計師。連氏於詩意之中，「復寓廣告之意」，爲當時所設計的詩意閣，取材小杜〈秦淮夜泊〉之詩，閣上有山川、亭樓、舟泊，並以電燈裝飾成月亮，樓中有一佳麗手抱琵琶且彈且唱，樓額上寫著「江山樓」三字。

　　此外，第二屆臺北商工祭也見「南カフェー組合」的女給連大隊與臺北檢番的藝妓連大隊等總動員，分乘六十餘輛手拉車與其他花車，手持商工祭廣告小旗迎風飄送。臺北知名的明治製菓、一六軒等菓子商也一一加入廣告行列。

　　昭和12年11月嘉義商工會暨商業協會的聯合大賣出廣告祭；以及昭和13年9月21日由臺灣日日新報社主辦連續五日的「美術ポスター展」（美術海報展），甚至23日至29日臺南神社祭典當中的「窗飾競技會」，皆可見到宣傳活動與製品，大到會場設計、廣告祭行列花車妝扮、櫥窗比賽、大型看板，小至報刊的廣告、海報、宣傳單、紀念明信片、胸章，幾年間被商人廣泛運用，新興的市街成爲大型百貨櫥窗的舞臺，加上各類主題展、物產展、商工祭、聯合廉賣會與慶祝活動，在在刺激大眾對商品的消費，並拓展商品大量生產後的販售通路。

▲ 美人座咖啡屋廣告

咖啡屋時代的來臨

咖啡屋營業變遷

　　從1920到1930年代末，「カフェー」咖啡屋隨時代流行趨勢而崛起、興榮，並開始與料理店、酒樓的藝妓服務內容區分開來（雖也有部分藝妓轉業爲女給），咖啡屋的女給、女服務生，不再是「出局」的行業。過去的傳統技藝經摩登流行的社交舞所取代，而服務於店內的女侍者（Waitress），被視爲是職業女性或摩登新女性。另外，從商工便覽、官民職員錄、市町案內、商工人名錄或統計書等調查數據中，也能直接看見「カフェー」類咖啡屋事業經營範疇於行政管轄下的變化。

　　大正7年到14年度，臺灣島內的咖啡屋行業大致被歸類於「料理店及飲食店」或「西洋料理」下，並沒有所謂「カフェー」店的獨立區分，即使如公園獅或西洋軒這類業種比較近似的西洋料理店，「カフェー」名稱的概念仍未植根。

　　若要提到率先掛上「カフェー」之名而登場的咖啡屋，臺北一地所

▲ 昭和10年「巴」咖啡屋二樓格局內裝，多爲簡潔的幾何線條修飾（林德龍藏）。

見，大約是大正5年臺灣勸業共進會總督府內第一會場中，有「カフェー」式的臨時酒館進駐販賣酒類飲料；但正式掛牌「カフェー」而設立的咖啡屋，則須待大正12年4月，先有森浦清太郎在臺中大正町開設經營的「カフェートモエ」（巴），及當年度嘉義公會堂內中野ふじ香經營的「カフェーホーライ」（蓬萊），「カフェー」的概念與臺北同步，但歸屬上仍不出料理店或西洋料理店

▲ 昭和10年「巴」咖啡屋新樓外觀，樓頂的風車樣式霓虹廣告塔，乃仿自日本大阪地區的咖啡屋（林德龍藏）。

範疇。臺北市雖然同樣在大正12年度的統計下，有兩家「カフェー」性質的店面出現，但店名直接冠上「カフェー」的咖啡屋，則要到大正14、15年度，臺北總督府內食堂有店主森方男登記開設「カフェーボタン」（牡丹）；以及市區大和町有日人岡村謙開設的「カフェートモエ」（巴），店名一如臺中市森浦清太郎所經營的「巴」；而基隆市在大正14年度，亦有與嘉義公會堂內同店名的「カフェーホーライ」（蓬萊）登記爲株式會社，這些都算是島內所見較早的咖啡屋，不過

「カフェー」咖啡屋的濫觴應在昭和初年以後了。

昭和3年度後，「カフェー」概念的咖啡屋逐漸露出，但有時被放在「西洋料理」類，有時也歸入「料理、飲食店」或「料理屋」、「飲食店」類。待「カフェー」數量升高後，昭和6年度的《臺北市統計書》上，臺北市南、北警察署的管轄分類才將「カフェー」單獨劃歸一類。

昭和5年春，臺灣咖啡屋一時繁盛起來，結合酒吧的咖啡屋尤以臺北的「公園獅」和「巴」為著名，彼時被譽為臺北咖啡屋界的雙璧。咖啡屋除了拓增酒吧間，店內最大的氣氛轉變在於爵士樂的風靡，女給的服務活動也明顯增加，陪客人跳舞似乎也成為一種新興的交際方式，於是有人也議論當時的咖啡屋已無異於酒館。

昭和6年底，臺北市組織成立了「南カフェー營業組合」，首次將カフェー店類組織起來，納入商工會社團形式，與更早前已存在的「南料理業組合」、「南飲食店組合」等料理飲食團體區隔出來。至於喫茶店則有少數加入「南飲食店組合」。只是「南カフェー營業組合」、「南料理業組合」、「南飲食店組合」等組織，參加的店家幾乎都為日本人，大稻埕地區由臺灣人所開設的咖啡屋沒見加入，可以合理推測，日本人的商工會組織欲與臺灣人的商工會組織壁壘分明，在商業競爭與促銷活動上也少不了濃濃的煙硝味。到了昭和10年度，由於臺灣博覽會舉辦在即的效應，カフェー業界的轉變更加明顯，陸續出現新設或改裝咖啡屋。

昭和12年度以後，除了カフェー店類，單純喝咖啡的喫茶店似乎也有增加趨勢，更被細分在「喫茶店、冰店」或「喫茶店」類底下。昭和14年度後，也有將「カフェー、喫茶」合併或又將カフェー店歸

▲ 昭和12年臺北的咖啡屋廣告

入「西洋料理」，而喫茶店則歸爲「喫茶店、食堂」一類的統計。

　　昭和18年度，飲用咖啡已成爲嗜好飲料的一大宗，咖啡豆的貿易買賣劃歸「砂糖、茶、コーヒ（咖啡）、シロップ（糖漿）」類，有末廣町「近江商店」與京町「池田商會」販賣咖啡豆。而喫茶店歸入「食事並喫茶」類，有辦金、ハルナ（榛）、銀水、新建發、光食堂、株式會社森永、太平洋、辦金京町分店、信濃屋、來來軒、東家、丸樹食堂、臺北食堂、天馬茶房、月光莊、松竹食堂、ミナミ茶房（南茶房）、山水亭、蓬萊閣食堂、清遊軒、八洲庵、食堂樂、二鶴、飲食神田すし（壽司）、旭軒、協和會館、さくら（櫻）。此年度臺北市有登記的「カフェー」店家數量僅剩十九家（其中「旭軒」一店橫跨兩類，重複出現），有日活、ボタン（牡丹）、喜樂園、永樂、牡丹、孔雀、旭軒、辰己、胡蝶、亞細亞、サクラ（櫻）、合資會社大千、三仙樓、富士（原「維特」改名）、朝日會館、天馬、ヒバリ（雲雀）、大屯、株式會社第一カフェー。

　　另一方面，據《臺北市統計書》大正9年度（昭和8年版）統計，也能觀見「カフェー」店家數及服務人力的變化。臺北市南、北警察

署管轄下的料理屋76家、飲食店61間、喫茶店2家，從業員工有藝妓169人、酌婦52人、仲居（貸座敷或旅館、飯店的女招待）104人。貸座敷計有29間，藝妓6人、藝娼妓82人、娼妓364人。而臺北市的「カフェー」類的開設，還可追溯到大正12年度有兩家登錄，當時新興時髦的服務人員「女給」人數是12名。而喫茶店方面，昭和5年度喫茶店達到30家，6年度攀升44家，是最興盛的時期，之後漸次下滑，昭和9年度以後喫茶店併入飲食店類，已不再單獨統計。

昭和6年度的數據上，臺北市有料理屋91家、「カフェー」店32家、飲食店125間、喫茶店44家，從業員工有藝妓241人、酌婦217人、女給350人、仲居301人；貸座敷計有26間，藝妓22人、藝娼妓0人、娼妓316人。在大約十年時間的相互消長下，藝娼妓大抵消失，可見多數轉入「カフェー」店從事女給工作。

來到昭和7年度，「カフェー」店有劇烈轉變，從原本的32家擴增至126家；昭和5年跌至谷底的景氣略漸好轉，加上カフェー店消費盛行，商人敏銳的嗅覺聞到這片商機，紛紛投入「カフェー」店競逐，但喫茶店卻降至14家。昭和7年度也出現官方許可的大型跳舞場兩家（臺人經營的「同聲」和日人經營的「羽衣」），舞女共計60名。其中日人投資的羽衣會館開館典禮時，即湧入五百名左右的客人。

社交跳舞先後在日本大阪、東京流行，也直接挑戰風俗道德尺度及警察的管轄權力。無法可管的大阪府警察部在彈壓無效後訂出取締事項，包括地域的限制、構造設備的限制及營業上的限制。跳舞熱延燒到臺灣後，不僅俱樂

▲ 同聲舞場咖啡屋廣告

部有人跳舞，連「カフェー」店也染上了舞風，跳舞議題一時鬧得沸沸揚揚，直到昭和7年2月7日臺北州相關取締法則訂定後，臺北市臺灣鐵道大飯店率先在18日提出舞蹈會申請，並邀請日本知名歌手丸山和歌子、舞蹈家南榮子、春野芳子等人現場表演。昭和7年度，同聲俱樂部和羽衣會館跳舞場申設許可後，競相舉辦舞蹈大會。觀月、賞櫻、比賽的名目花樣繁多，北署警察局也頻頻豎起警戒線，每到深夜在各處舞場或咖啡屋，都有警察埋伏取締幽會的舞女與跳舞客。而臺南市也因為咖啡屋招徠客人的新手法層出不窮，有「違犯規則的設備」或有「奇怪的女給出現」、「發揮特別的接待法」，於是保安課參考內地取締規則，也祭出咖啡店營業內規，發布取締的事項包括「店內的廣闊、光線、設備、營業時間及營業主的借貸關係」等。昭和9年，因管制取締的條件太嚴苛，致使顧客漸減，臺北市同聲和羽衣兩舞場在經營困難下，不得不共同提出請願書，訴求能夠延長營業時間到晚上十二點，以及伴舞者的年齡限制改成滿十六歲。

　　昭和8年度，各州廳市街也時常有咖啡屋設立的消息，臺北太平町有「カフェー世界」；彰化車站前有「惹斯敏」（カフェー ヅャスミン）咖啡屋，店內裝潢設計仿臺北知名的咖啡屋，並從臺北聘請十多名嬌豔的女給南下服務；虎尾西螺街也有人改裝舊工場樓上成為「ラコー」（Lacaux）咖啡店，以紅綠電燈裝飾，並搭配流行唱片的播放；臺中有新店「宮月」開業，另有綠川町舊店「太陽」改裝重新開業的「未來花」，有美貌的女給三十餘名；嘉義火車站前有「赤玉」；臺南有「孔雀」、「巴里」；朴子街有新茂成雜貨商老闆開喫茶店；草屯有「カフェー菊園」；高雄市該年度也有一家跳舞場「壽」俱樂部開幕，吸引一百多名紳士淑女進行社交跳舞。此年度社交跳舞風靡各

▶ 臺北檢番

大都會，臺中市有人籌蓋跳舞場；臺南市有「池田」、「建生」、「大眾」等跳舞俱樂部成立，並有モンパリ（我的巴里）改裝二樓爲跳舞場。

「カフェー」店在昭和10年10月臺灣博覽會前後，也因觀光旅遊的促進而呈現繁榮景象。在行銷臺博會的臺北遊覽案內地圖中，如市區的モンパリ（我的巴里）、トモヱ（巴）、永樂、日活、丸よし、南國等咖啡屋以及水月、パルマ（帕爾瑪）、一六軒、福福堂、森永製菓、明治製菓等喫茶店，另有萬華遊廓花街內的各青樓與一家「オトメ」（少女）咖啡屋，都被推薦爲觀光的好去處，而萬華淡水河畔還可望見兩艘遊船「市山」和「ニコニコ」（微笑）。昭和11年後「カフェー」店雖逐年減少，但該年版的《臺灣總職員錄》內，仍有46家、喫茶店7家及兩家舞廳。不過昭和13年度女給從業人員反到達最高峰，人數來到803人。昭和14年度臺北市跳舞場僅存一家，隔年昭和15年度，最後唯一的跳舞場「第一俱樂部」（原同聲俱樂部）也歇業關門。

　　昭和17年度，觀光的宣傳活動似乎沒有停歇，但戰爭的陰霾已更加濃稠，連臺北市役所市設觀光案內所出版的臺北觀光指南都命名爲《大東亞共榮圈の中心地臺北》，煙硝味十足。此年度以夜間社交場爲文案宣傳的「カフェー」店，僅存26家。

咖啡界最時髦的社交活動

　　設有跳舞場的咖啡屋，「當時行」的時候被稱爲時髦的社交場，其中以昭和7年10月12日同時發下營業許可牌照的臺北「同聲ダンスボール」（同聲俱樂部舞場）和「羽衣會館」最具代表。同聲俱樂部設立地點在日新町，由醫師許章與其他三名股東共同經營；羽衣會館的地點在西門町，經營者爲日人清住儀平。由於創辦者分屬臺灣本島人與內地日本人兩大陣營，經常可見兩舞場競相舉辦舞會。羽衣會館甚至遠從日本內地招募專業舞者和優秀樂手駐店，11月5日開幕時，除了調降入場費，更祭出攜伴的女性免費優待的促銷，互別苗頭的意味濃厚。

　　初見舞場的都會人一時對跳舞社交活動趨之若鶩，同聲俱樂部雖生意興隆，卻也禁不起商場上的信心考驗，出現了股東不合的聲音。後來糾紛更越鬧越大，股東郭盈來透過律師交涉，願出資一萬圓買下許章的股份，欲許氏從此退出經營。昭和8年9月1日，郭氏先以七千餘圓買斷許氏經營權，但不久後郭氏卻以喫茶部仍在虧錢中，以及希望從讓渡前已售出的跳舞票殘金扣除爲由，不再支付讓渡費，雙方談不攏的情況下，又再度請起律師興訟。直到9月底，同聲俱樂部所轄主管單位北署警察局出面協調，郭氏賠償後，此事件才告一段落。

　　昭和10年9月30日，大稻埕「臺灣第一劇場」趕在臺灣博覽會前
落成，10月5日舉行開幕式。社長陳清波（茶商陳天來三子）致詞開
幕後，由上海京劇班小三麻子登臺獻技，表演三國演義古城會、遊龍
戲鳳等戲碼，此外還安排女舞者演出上海最流行的舞蹈。挑高空間的
劇院內，可容納二千多名的觀眾，並設置電梯直通各樓，夏季還有冷
氣機大吹冷氣。正面一樓租給森永製菓開設喫茶店與酒吧；三樓則出
租給カフェー業者里木得三氏設立「第一カフェー」（第一咖啡屋）；
位在日新町的同聲俱樂部，也遷至太平町第一劇場四樓設立「第一ダ

▲ 昭和13年第一劇場外觀

ンスホール」（第一舞廳）。第一劇場開業後聲勢浩大，吸引三百多名中南部的女給回歸臺北找工作，「第一カフェー」也從中精挑曾爲藝妓的女給十數名，在開幕式中服務，頗得好評。第一舞廳則在開幕後經常舉辦跳舞大會，夜夜熱鬧非凡。第一舞廳聘任舞蹈教師宇田川和李榮洲兩人，有專屬的樂隊，並有舞女班底岡小姐、金月小姐、綾子小姐、琉璃子小姐等二十幾名，等於吸收了全臺最優秀的舞者，磁吸效應也造成其他舞場門可羅雀的局面。

昭和11年11月1日，《臺灣藝術新報》批評臺北市的咖啡屋界已經了無新意，雖然在前一年有巴、我的巴里、牡丹、羽衣等，或新設或投入鉅資建築新式華麗的外觀，但顧客的好奇心只是一時，服務的內容沒能抓住顧客的心，還有待改善。不論建築樣式或服務內容，咖啡屋已經不足以吸引顧客，一家「本格」（眞正）的「酒店」才會是未來的主宰者，點出了咖啡屋所面臨的經營問題。

昭和14年8月後，由於時局的關係，羽衣會館的舞廳暫時休業，三樓大改造，全部換裝爲咖啡屋格局，不再經營舞廳。此後臺北只剩下第一跳舞俱樂部經營舞場。

島都咖啡屋、喫茶店寫眞大觀

昭和初期以後，旅遊指南和寫眞影像的出版也逐漸展現多彩多姿的樣貌，咖啡屋做爲現代人摩登娛樂的指標，也極其用心的配合宣傳。島內大都市的咖啡屋無不摩拳擦掌，用盡全力吸引客人上門，其中《臺南市大觀》（昭和5年）、《高雄市大觀》（昭和5年）、《臺北市大觀》（昭和6年）等寫眞書，以影像代替言說，最能看見那個時代

走在時髦尖端的咖啡屋較為完整的面貌。尤其在昭和7年後，咖啡屋更見大量增加，美麗的女給隊伍進軍城市的咖啡屋，震撼力十足，有人甚至誇張的大聲刊出廣告語：「我，除了此處外，哪裡也不想去。」

◆《臺南市大觀》

昭和5年的古都臺南，不論臺灣樓、愛生堂，或滋養軒等喫茶店或咖啡屋，不愧有「溫柔的美人鄉」之喻。臺灣樓二樓可以眺望全市，美景盡收眼底；而條件整齊的美麗女給們，以皮膚白皙的美女米子最為著稱，身材苗條，可愛迷人。而愛生堂和滋養軒，同樣擁有手藝高超的廚師以及亮麗的女給群。尤其在西門町一帶，三樓鋼筋水泥的大建築「沙龍‧銀座」，美人女給讓人眼睛為之一亮，光芒不輸臺北一地的咖啡屋。甚至來到昭和9年後的寶美樓藝妲，更成為小說家的創作對象之一。

▲ 臺南西洋料理店、喫茶店和咖啡屋廣告。

▲ 臺南臺灣樓西洋料理店

美人郷
歡樂の嚴堂
カフェー天國
臺南市銀座
電話一〇六番

カフヱー界の王座
スズラン
嘉義市　電話七三〇番

▲ 昭和10年臺南、嘉義的咖啡屋廣告

◀ 臺南「沙龍・銀座」咖啡屋女給團

東京組
上海組
サロン銀座
臺南銀座通り
電話七七一番

タイナン●エキマエ
グランド・カフエー
ホーライ
TEL 496
本店
臺南安平億載金城前
割烹彌生
デンワ一・二三五番ノ甲
支店

▲ 昭和11年臺南的蓬萊和沙龍銀座咖啡屋廣告

▶ 臺南西洋料理店愛生堂外觀

◆《高雄市大觀》

　　此時期高雄出現了一家「ゴーストップ」（GO‧STOP）咖啡屋，以新穎的作風和高水準的服務，讓熱帶港都高雄的咖啡屋界帶來了異常的興奮與惡評。據說著名的女給「君」，一個人的小費最高二百圓，最少也有二三十圓。GO‧STOP咖啡屋還成立「觀櫻會」招徠會員，美其名賞櫻，實際是利用女給大賣預售票，更大力促銷特別折扣日，於是被批評為只想撈錢，但咖啡屋的顧客的確增加了。高雄的一般咖啡屋受了極大的影響，很多店家生意一落千丈，落得關門大吉。也有一家「丸中」咖啡屋，推出低價啤酒一瓶三十五錢應戰，加強設備、提升料理品質，再加上大膽女給群的補充，拚命提供有情色服務的女給，乃不得不如此也。

▲ 昭和10年高雄「丸中」咖啡屋廣告

▲ 昭和5年高雄「びや」咖啡屋

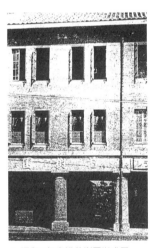

▲ 昭和5年高雄花樹園咖啡屋

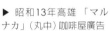

▶ 昭和13年高雄 「マルナカ」（丸中）咖啡屋廣告

▲ 昭和5年高雄「タカオ」（高雄）咖啡屋　　　▲ 昭和5年高雄滋養軒西洋料理店

▼▶ 昭和5年高雄西洋
料理店、「タカオ」（高
雄）等咖啡屋廣告

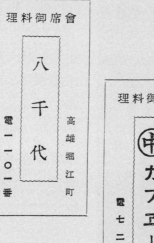

理料御洋和

タカオカフヱー

時代の要求に應じて進む

モシハ四二九ク
電話一一二九番

雄高
町下山

理料御席會

八千代

電一一〇一番

高雄堀江町

理料御洋和

㊥カフヱー

電七二〇番

高雄奚町遊廓

理料御席會

茂之家

電二〇八番

高雄山下町

◆《臺北市大觀》

臺北城內的咖啡屋幾乎都是日人所經營；本島人的咖啡屋則以大稻埕的繁華地區爲中心，家數雖不多，卻充分洋溢著異國情調。尤其以大稻埕一帶的舞廳爲主，只見大膽活潑的、穿著清涼禮服或緊身旗袍、腳踩高跟鞋的摩登女性，伴隨著狂躁的爵士樂與舞伴熱舞。一到深夜十二點的太平町大街上，每每看見跳完舞的摩登青年或臺灣士紳，擁著穿旗袍的美女給，又鑽竄到另外的咖啡屋尋找歡樂。

◀ 一六軒本店新高喫茶店

其中尤以維特咖啡屋爲大稻埕咖啡屋之濫觴，店內十七、八歲可愛的本島女給小姐，幾乎與日人女給小姐的美麗不分軒輊。尋歡客難以抗拒此種蠱惑，戶外有燦爛的五色霓虹燈，走進室內在微暗光線和紫色煙霧中，年輕短髮的摩登女郎撩人的大腿，更是將消費者迷得神魂顛倒。咖啡屋的媚惑，來自於女給無微不至的服務，人客點一瓶便宜的啤酒，叫一盤小菜，從容不迫的坐在雅座裡，忘卻一日間的不平或鬱憤，女給的一個握手或擁抱，讓一切煩惱消失得無影無蹤。

▲▶ 昭和6年臺北「トンボ」
（蜻蜓）咖啡屋外觀和店內裝設

▲ 昭和6年臺北「トミヤ」（富屋）
咖啡屋

▲ 昭和6年臺北「ホーライ」（蓬萊）咖啡屋

臺北咖啡屋、喫茶店之旅

　　昭和9年8月《臺灣婦人界》特別企劃「臺北喫茶店之旅」報導，直接點名「ブリユー バード」（藍鳥）、「明治製菓」、「水月」、「新高」、「松月」、「丸福」、「光食堂」、「オフセット」（Offset）、「パルマ」（帕爾瑪）、「都鳥」、「來々軒」（來來軒）、「高砂ビヤホール」（Beer Hall，啤酒屋）、「菊元食堂」等享譽臺北的知名咖啡屋、喫茶店或啤酒屋、食堂。兩位記者以感性的序曲高唱「夏天！！夏天就屬喫茶店最棒了！！！」並將店內用餐喝飲料的眾生相、招牌食物優缺點以及室內獨具的氣氛和服務態度，以鮮活生動的妙筆一一形容：

◎「藍鳥」（ブリユー・バード，原文音譯Blue bird）

　　自稱為臺北市內最具代表性的喫茶店，他們的確有在別處品嚐不到的美味飲品與唱片。最近飲料好像也稱不上那麼棒了，但他們在唱片上下了不少功夫，充分的營造出安寧祥和的氣氛。

▲▶ 昭和9年自稱為臺北市內最具代表性的藍鳥喫茶店，有美味飲品與唱片，充分的營造出安寧祥和的氣氛，牆上層層疊升的現代壁燈與掛畫就是其中的裝潢傑作之一。

　　雖然夏天時室內狹窄昏暗的空間不怎麼樣，但今年夏天裝了冷氣，著實是個令人靜下心來的好消息，也是個我能微笑著說出來的回憶。情侶一起啜飲的

Darling Tea，這裡獨特的瓜拿納（按：沙士飲料的成份之一）、香檳等等，這家店本身好像將客群鎖定在知識分子，也因此不太適合一般客人，不像是大眾化的店。

◎「明治製菓」

「明治的糖果很好吃」

大辻司郎嘟著嘴宣傳的名臺詞變成一塊漂亮的匾額掛在那裡。

明治！明治！！我們是明治！！！

以前「Meiji」的霓虹標誌照耀著榮町一帶時，看見包廂裡每天擠滿了上班族、學生、婦人這盛況，我還擔心臺北的喫茶店會不會就這樣倒了。

「聽說我離開明治之後，高中生就少了很多喔」

聽著從前在這裡工作的K小姐的話之後，我越來越專注地凝視她的臉。

事實上高中生到底有沒有變少我並不清楚，但專科學生們經常光顧這件事好像是真的。

「我最期待的事就是邊喝咖啡邊聽那張唱片了」，這是我常從明治迷口中聽見的話。

▲▼昭和6年明治製菓賣店及二樓喫茶店內裝

　　蕾絲窗簾與夢幻色彩的壁紙是明治製菓獨特的氣氛，亦激起了年輕人的心。些微乳白色的燈光配合著輕快的音樂，不論是上樓或下樓的人都一面踏著輕快的步伐，一面隨著音樂遊走於包廂與盆栽之間。

　　踏上回家的路之前，有各式各樣的糖果盒在等著你，可帶給你的友人、戀人或心愛的妹妹。

　　明治實在好，夏夜裡的一杯蘇打水也是……

◎「水月」

　　因地利之便在臺北很熱門的店，本來生意不錯，但最近只要提到水月就會想起四、五年前它華麗的裝潢，它在臺北紅透半邊天的程度恐怕無人能出其右。

　　自從樓上變成咖啡屋後，不知道為什麼，大家不僅不再光顧，客群也完全變了。據說每當飲茶部的阿絹用爽朗的聲音喊出歡迎光臨時，客人就會開心到想要請她喝點什麼。這裡沒什麼值得特別推薦的料理，但也沒什麼東西很難吃，到頭來，這大概就是水月的優點吧。

　　到了昭和10年1月，飲食店的從業者依規定是不允許向客人收受小費，但水月與巴會館兩家咖啡屋，因店內女給有向客人收取五十錢到一圓不等的小費，以致受到警察署的訓誡。

◎「新高」

　　如海濱樂園般可愛的彩色紙氣球，正排成兩列垂掛在白色的天花板下。

　　呼!呼!

　　對紙人偶輕輕吹氣、用力吹氣的兩個小孩正在玩遊戲。

從全家一起光顧的客人較多這點來看，新高果然是做壽司比較拿手。

夏天時加點冰塊進去蘇打水裡，原來如此！這就對了！

這裡的阿姨還真是貼心。

他們這次改造了內部之後景色變得很好。坐在最靠近入口的位子，在我努力的邊聽廣播邊啃西瓜的當下，各式各樣的人從旁經過，斜斜看過去還有一位打扮很時髦的小姐。

不管怎麼說，這家店在喫茶店的歷史上可是人人皆知的權威。好像到去年十二月就開幕滿十年了。這段期間因其他喫茶店的增加，新高也經歷幾次盛衰，到現在則是轉型為餐廳。

三樓也改裝成可辦茶會、小宴會、婚禮酒席等活動的場地，是一個可容納五、六十人的現代化集會場所，頗有人氣。

◎「松月」

只要說到喫茶店，不論是誰都會聯想到點著紅色或藍色霓虹燈，貼著漂亮壁紙的店。松月卻是一家氣氛安靜、有著江戶風味的店。

進去後都會先被松月特有的那聲怪腔怪調的「歡迎光臨」給嚇到。

冷淡的小姐先用如蚊子般細小的聲音說「蜜豆一份嘛」，接著再用整間店都聽得到的音量大喊「蜜豆一份」。

「但那正是松月的優點嘛」

每當從電影院回家的途中經過，我都會悄悄打開深藍色的門簾瞧瞧裡面，聽到那點菜聲就會覺得松月果然很不錯。

說到我點的是什麼，不是蜜豆而是紅豆冰淇淋，這才是松月獨特的產品。雖然蜜豆是他們首創的，不過最近很多店都在賣，每一家的味道都差不多，又不好吃。但我為何會喜歡松月？最常光顧那裡的是中學生，中午

從電影院回家時是松月的尖峰時段呢。

不論夏天或冬天，松月都很棒，一年中還有一次蜜豆半價日喔。

◎「丸福」

丸福最好吃的大概是麵類吧。提到不帶咖啡味的喫茶店，丸福的風情好像漸漸淡去。這裡既是下町，又坐擁西門市場這個繁華地區，說他們不知道年中的不景氣也沒什麼好大驚小怪的。這裡不適合拿來冷卻看完電影後的興奮心情，也沒有什麼適合散步回家時喝的冰涼冷飲，結果只能吃到中年後的蕎麥麵，這樣只適合拿來當烏龍麵愛好者的休息站吧。既然如此就專心研究怎麼做出更美味的麵吧。

◎「光食堂」

便宜、美味、大碗……吃冰淇淋非光食堂莫屬。

拖著疲憊的腳步走在灼熱的街上，吃碗十錢的冰淇淋，妳的憂鬱就會飛到九霄雲外去。

適合大小姐點的有巧克力冰淇淋，愛吃甜食的人則有蜜豆可以點。

吃遍了市內喫茶店蜜豆的我，總覺得這裡的蜜豆最好吃了。

因為主要是賣冰淇淋，客人流動的速度很快，就算只有三十分鐘，只要你努力盯著同一張桌子，就能感受到頂級飯店以上的樂趣。

創業初期，光食堂是傳聞中「服務不好、沒有時間觀念」排名第一的店，但現在的光食堂給人的感覺很好，我替常客們祝福光食堂轉型成喫茶店。

◎「オフセット」（Offset）

占領著西門市場八角堂整個二樓的這間食堂，不愧是掌握住眼前這一區繁華地帶的店，就地理位置來說，他們處於一個注定該生意興隆的狀況。

陳列在樓下的實物菜單令人食指大動，上樓一瞧，大廳占據著八角形的六個角。

因為記者進入這家店時，是剛過五點這不上不下的時段，店裡只有一位身穿西服、帶著兩個朋友的男人，邊往大啤酒杯裡面倒酒，邊大聲唱歌；還有一位帶著三個小孩，看起來是被小孩吵鬧央求進來的太太。她一面被小孩吵著要點這個、點那個，一面察覺到錢包掉到衣服綁帶裡面，在這樣的情形之際，她還是向女店員點了東西。除了這兩組客人以外，剩下的都空空蕩蕩，沒有其他客人再進來。

我想從菜單上找出這裡的招牌菜，但沒看到類似的東西，只好點杯冰咖啡滋潤我口渴的喉嚨。我決定有機會再來，這次就不去深入研究它，並離開了店。

女店員的服務態度和她給人的感覺，難道就不能再好一點嗎？嗯，總而言之，當你尋找市場裡的夜市時，這裡最適合做為你稍事歇息的綠洲了。

◎「帕爾瑪」（パルマ，原文音譯Palma）

有位身材苗條的紳士邊喝著紅茶邊讀報紙。

和服店的掌櫃目光不離記事本一邊享用著午餐。來到這家店的前面就會有陣陣香味飄到鼻尖，帕爾瑪的獨特香味是他們最棒的魅力。

總是很簡潔的室內裝飾對喝茶來說感覺很不錯。

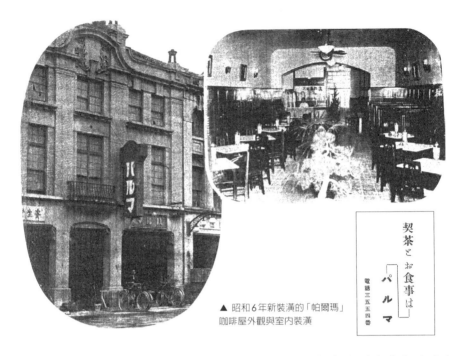

契茶とお食事は「パルマ」

電話三五五四番

▲ 昭和6年新裝潢的「帕爾瑪」
咖啡屋外觀與室內裝潢

這股不太一樣的氣息是什麼呢，店裡的人說他們想布置出東京的資生堂的感覺。這裡是適合一邊想著「只要再苗條一點的話……」，一邊喝茶的地方。儘管只是吸管插在經常裝滿了飲料的玻璃杯裡，不也是件讓人心情舒暢的好事嗎。

雖然他們沒有很耀眼的存在感，帕爾瑪這地方總是能讓我把心情沉澱。有親切感的帕爾瑪，蘇打水噴泉。

◎「都鳥」

我很訝異，西門町附近的小店居然有辦法三百六十度大轉變。以往漂亮的老闆娘和料理都很討客人歡心。而現在的都鳥最擅長的料理是天婦羅，不管我什麼時候去，樓下老是門可羅雀，讓我覺得很恐怖，也常感到

煞風景。

　　而樓上只不過是擺了幾張椅子，了無新意，我真替他們沒有一絲滋潤的空氣感到悲哀。

　　三樓有數間凝聚了雅緻的房間，氣氛安逸舒適，最適合拿來大啖日本料理。尤其身旁若有美人服侍，那就十全十美了。

　　都鳥的地點好，料理也很棒，如果他們能把氣氛調整成更適合一般大眾的店，生意一定會很好的。

◎「來々軒」（來來軒）

　　好像要燃燒起來似的綠色，沐浴在夏天的陽光之下反射。被汗水弄髒的軍服整列圍繞在桌旁，那連聲哄笑驅逐了高音的唱片流行歌。「天氣這麼熱也不想吃滷麵或米粉，雖說如此，也不想喝蘇打水，果然還是想吃燒賣呢」，高聲歌唱的唱片聲總是透過玻璃飄揚著。討人喜歡的本島青年不斷地穿梭在桌子之間替客人點餐，先揮手一兩下才開始寫單子這點特別容易讓人有好感。看來這裡是西門町一帶的女孩子或年輕人喜歡的店，狹小的室內似乎經常客滿。這裡也經常被用於本島人的小聚會，不管怎麼說，在臺灣料理喫茶店裡面，這裡是內地人最能親近的店吧。

▲ 昭和10年來來軒料理店在臺灣博覽會會場的賣店

　　值得順帶一提的，西門市場內來來軒的喫茶部開業於昭和5年4月，是

來來軒頂下隔壁原「多樂福」料理店改設而成。其特色是廣東料理，其中清爽的麵條，以醋和芥末做爲調味，極富魅力，喫茶部強調採成本價位低消費，開幕時還特別推出半價優待促銷。此外記者寫到知名的啤酒屋還有：

◎高砂啤酒屋（高砂Beer Hall）（高砂ビヤホール）

有點不太想去喫茶店，雖說如此也沒有必要刻意避開不去，但有點害怕的心情糾結在一塊。新館香甜的景致與西門市場的紛嚷，不知她是否陶醉在自家的酒精裡，有個少女把奶昔跟啤酒搞混，大口大口喝下肚。朱紅色的椅子把房裡的氣氛都破壞掉了。啤酒杯的數量隨著甜過頭的唱片歌聲增加。這好像是看完電影回家或是散步回家路上的夫妻，又或是男性去吃均一價二十五錢料理的地方，不見年輕婦人的身影。

似乎是單手拿著啤酒來排遣心中鬱悶的地方。

▲ 昭和7年高砂啤酒屋，除了啤酒，還賣有和、洋料理和喝茶。

◎「菊元食堂」

下午兩點的太陽，像波浪般閃耀地拍打著五樓的玻璃窗。在我們所謂的「特別來賓室」裡，我們努力的透過綠葉之間瞭望閒散的食堂內。過了正午尖峰時段的食堂很清靜，只有電風扇對著沒有人坐的白色石桌吹送懶洋洋的風。桃色的制服包著她們正午的疲倦，她們的表情可解讀為慵懶，又好像可視為想勉強用笑容隱瞞自己

▲ 菊元百貨公司感恩特賣，可見各樓層販賣重點商品。昭和13年

快變得不高興的臉。水果飲料那使人心情開懷的口感，在口中滾動著再大口吞下去。

天氣這麼熱，連喜歡吃烏龍麵的記者也要先考慮一下。

好像要融化似的桃子香與口感，激起了夢境般的氣氛。

沒有脂粉味的兩個下午班女店員，留著長度不一的短髮，坐在面對面的位子邊聊天邊吃炸豬排飯。

有個身穿金茶色、一種極薄透明的「喬治紗」連身裙，乳頭從內衣裡若隱若現的透出來的女人，看不出是時髦的大小姐還是舞者的她，瀟灑的走了進來。

紅色的手提包和大大的造型書吸引了眾人的目光。

西瓜和冰淇淋，她離去後桌子上，盛夏的太陽正吸走我們的夢。

我聽說百貨公司的飯有點難吃，但這樣看來，大部分的太太們好像都覺得牛肉燴飯很有魅力。白與紅的對比，瞄準吃蝦子的時機。

成群嘈雜的年輕上班族被電梯載了上來。

「五杯咖啡，要冰的喔」，他用五錢硬幣排出一個圓形。

　　昭和7年11月28日起一連三天，菊元商行創設六層樓高的百貨店落成式在榮町盛大舉行。當日受邀的官紳約有一百八十名，食堂設在五樓。開幕宴會中，有「美人座」、「エルテル」（維特）的女給服務來賓，現場還有臺北檢番所屬的藝妓表演節目。菊元百貨開幕後不久，翌月17日，五、六樓即被徵用為國防展覽會展場，生活百貨公司雖是販售夢幻產品的櫥窗，但在時勢下，也不得不染上了軍事色彩。由於菊元百貨店與臺灣總督府為當時臺北市最高的建築物，昭和8年3月，菊元百貨店的頂樓也被徵用為軍事演習架設機關槍的場地。昭和9年6月，臺北市實施燈火管制演習時，瞭望臺也設在頂樓上。昭和10年8月，臺灣博覽會舉辦前，有鑑於交通量可能增加，臺北州警務部保安課預購相當於紅綠燈的「交通遮斷機」，準備安置在菊元百貨店前的十字路口，以便改善交通。當月，菊元百貨也決定在六樓頂加築一層樓，成為七樓高的百貨店。後來醫學博士李騰嶽作有「乙亥蒲月臺北竹枝詞」十首，其中兩首即是在菊元百貨店內參觀、坐電梯登高七重樓的新奇經驗：

　　兒女紛紛向菊元，後來松井亦名喧。

　　內臺經濟成優劣，似此前途不可言。

　　摩天樓閣盛鋪張，舉世風行百貨商。

　　卻笑儂家非顧客，也隨人去坐流廊。

▲ 菊元百貨的食堂設在五樓。昭和10年菊元百貨公司加築局部樓層成為七樓高（林德龍藏）

昭和時期臺灣咖啡的生產與消費

　　日人治臺後，臺灣西部土地利用的問題，大多集中在水稻與甘蔗等民生與糧食作物，對於熱帶植物的栽培雖早有構想，但並無積極的推動，主要原因：一方面農業政策關注的焦點皆集中在如何振興糖業；另方面山林土地的利用仍多以茶葉、樟腦與伐木爲主；而且官方也可能對於熱帶植物事業缺乏經驗所致。但是到了1930年代，肇因於國際局勢，山林土地擴大利用的聲音再度浮現，熱帶產業的調查計畫也重新被討論，其中問題的探討以及擬定的方針與政策，更將成爲總督府施政的參考。於是兩次最重要的熱帶產業調查會，一是昭和5年11月，石塚英藏總督時期的臨時產業調查會；一是昭和10年5月，中川健藏總督時期的熱帶產業調查會，乃次第召開。

　　昭和4年世界經濟大恐慌之後，日本被排除在世界性經濟區域整合外，臺灣總督石塚英藏在臨時產業調查會舉行前夕曾公開談到召開會議的必要性，即指出「國際經濟戰愈益深刻，國內產業充實之研究愈爲迫切，本島產業設施與經營需改善之處甚多，應就重要方針予以研鑽考覈……」。隨後11月，臨時產業調查會舉行。會議中與農林業的調查，仍偏重於一般農業如稻米、青果、蠶業，或特用作物如糖業、茶葉等之改良與獎勵發展。另外在山林部分，則集中於樟腦事業，以及國有林的利用與開發。有關熱帶產業之咖啡一項，當時雖非重要項目，但國際局勢以及日本的農業政策的轉變，也將臺灣原以米糖爲主的農業方針帶向不同的方向。其次，昭和5年當時因日本米穀大豐收，爲阻止米價下跌，防止農村破產，日本乃施行米穀管理政策。雖然臺灣舉行臨時產業調查會時仍以增產米穀爲目標，但幾年後

仍免不了遭受波及。

　　昭和5年臨時熱帶產業調查會結束後，就有臺灣總督府殖產局技師澤田兼吉於昭和6年（報告刊於昭和8年）曾對全臺咖啡栽種情形，提出了一次全面性的普查報告，在日人治臺以後的明治至大正年間，臺灣各地咖啡栽培事業範圍遍及高雄州恆春熱帶殖育場、臺東廳呂家（今利嘉）以及太麻里、花蓮港廳豐田村以及其他移民村、臺中州新社庄、高雄州枋寮山區原住民部落、高雄州旗山公園、潮州郡瀨社「星幾那園」（星製藥株式會社的金雞納樹園），以及各地農業實驗場與林業試驗場等。以後，一直到昭和初期的這段期間裡，雖然日人曾嘗試在臺灣各地栽培咖啡，嘉義及恆春等試驗場試種咖啡的成績也頗佳，但同時因為咖啡銹斑病的爆發與蔓延，以致昭和初期這段期間的栽培，在各地都沒有良好的發展。

　　昭和9年，日、荷兩國協商蘭領東印度的貿易摩擦破裂，日本乃積極備戰南進，「臺灣的南進據點化」也更加明確。臺灣地理接近華南和南洋，為將臺灣導入工業化，必須擴大臺灣工業與貿易範圍，經由華南及南洋等地區獲取工業原料，臺灣的地位就相形重要。

　　此種情形在臺灣總督府所召開的熱帶產業調查會中，有如下說明：「本島為帝國南方要衝，一衣帶水與鄰邦中華民國相對，南方則與菲律賓、婆羅洲、法領印度支那、暹羅、爪哇及蘇門達臘等友邦殖民地相接，有形無形間互相關涉的地方極多。鑑於這種地理位置，應該對本島產業開發付出更多努力，同時，與這些南支・南洋地方在經濟上保持更密切的關係，尋求貿易的伸展，以期互相增進福利，這才是本島的使命。……」從計畫說明中已可看出，日本逐漸將共榮圈擴及華南與南洋地區。殖產局農務課在此次會議後，「咖啡」做為熱帶

產業的一環，亦被收入編纂的調查書項目中。而調查書也詳細的整理出臺灣咖啡的沿革；歷年試驗成績、種植現況；日本內地以及南洋各地供需現況、貿易成績等等，以提供未來咖啡事業的方針與辦法。熱帶產業調查會舉行後，咖啡事業因有助於國際貿易收入，其生產與消費也越受重視。

　　昭和10年5月，熱帶產業調查會曾就各地栽培咖啡的狀況做了一次全面統計，同年9月，總督府殖產局農務課提出了《熱帶產業調查會調查書——珈琲》報告，顯示各地民間已陸續有人投入咖啡的生產，企業或大型農場尤其積極。除了大阪住田物產株式會社（昭和2年設立登記）最早在昭和5年來臺，開闢東部花蓮港廳下舞鶴臺地，有一百五十餘甲的咖啡種植外，西部陸續有高雄州旗山郡旗山街「旗山拓殖株式會社」、高雄州屏東郡鹽埔庄「大和農

▲ 昭和6年花蓮瑞穗舞鶴地區住田咖啡農場

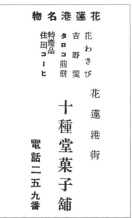

花蓮港名物
花わさび
吉野葵
タロコ煎餅
特產品
住田コーヒ

花蓮港街

十種堂菓子舖

電話二五九番

◀ 昭和10年花蓮
十種堂菓子舖即有
販售住田咖啡特產

場」、高雄州屏東郡高樹庄「日の出鳳梨農場」、臺南州嘉義郡番路庄「內外食品會社鳳梨農場」、斗六郡「圖南產業農場」都有數甲土地的種植,而橫濱市木村咖啡店的柴田文次,稍遲也開始在臺南州嘉義郡、臺東廳新港支廳盆地開闢咖啡農場試驗栽培。

昭和11年,日本逐漸對臺灣產米穀實施管制,抑止臺灣米的傾銷,並進行特殊課稅,以致於米穀減產。再加上之前昭和10年所舉行熱帶產業調查會,農業已趨向改植或戰備所需、賺取外匯之農作物,或可供應

▲木村咖啡店嘉義農場及臺東泰源木村咖啡農場廣告

工業原料之特用作物,「咖啡」已是重點栽培的作物之一。而且此時山地開發的聲浪也促使山地調查計畫重新展開,昭和12年「山地開發調查要綱」更將咖啡列入海拔兩千公尺以上的山林地可能栽植的作物之一。尤其在東部,「官有林野貸渡規則」放寬,更吸引日人民間企業提出咖啡農場的申請,而以東臺灣珈琲株式會社選擇在雷公火山坡地申設咖啡農場(今關山電光里東興、廣興一帶)最積極。

昭和5年以及昭和10年兩次產業調查會的舉行,雖然宣示的意味較實際運作為大,但咖啡的種植事業已是不可同日而語,據昭和12年統計,日本本國的咖啡消費量已是明治45年至昭和6年二十年間的80倍。二次大戰前,1930年代的咖啡事業是否能在臺灣種植、推行成功,更關係著咖啡業者的原料來源以及生產成本,雖然官方的熱帶產業計畫著眼於戰備策略,但如果以當時的調查書或澤田兼吉等人的調查來看,實際上民間的咖啡生產事業已比官方的推動更早一步展開。

　　日治時期臺灣咖啡種植推廣的過程中，咖啡銹病一直是困擾生產的主要原因之一，花蓮港廳下的各處咖啡園在昭和8年也傳出最大規模的災情，從瑞穗、吉野、豐田、玉里、鳳林（林田、太巴塱）等及其餘各地，皆全面淪陷，舞鶴住田物產咖啡農場十二萬株的咖啡樹中，也傳出銹病疫情，共伐去三百株。總督府無法有效驅除銹病，只能以掘根伐除的方式進行。聽聞東京正流行咖啡樹製成的手杖，花蓮港廳勸業局也準備輔導罹病的咖啡樹再利用。而豐田村為配合咖啡樹採伐，也希望能申請到柑橘苗的配付，以便替換咖啡樹的種植。

　　咖啡銹病的來襲，幾乎重創東部剛大規模起步的咖啡生產事業。不過根據昭和8年度（大正12年到昭和7年）進口統計，飲食業對於咖啡的消費持續加大，此年又遇上全球的咖啡生產過剩，價格暴跌，於是日本內地的進口大增。總督府農務課有鑒於咖啡進口關稅甚高，更加快腳步，積極獎勵在臺灣島內種植咖啡，臺中、臺南、高雄、臺東、花蓮港各州廳都有種苗配付，過去幾年的成績已經開花結果，一年生到九年生的咖啡樹已在各地紮根。而屏東郡下民間經營的日の出農場，也從南美巴西、南洋各地輸入咖啡種苗，計畫在埔姜溪、山底門（三地門）、德文、卓阿社、抗社等山區原住民部落大規模栽培咖啡，昭和8年6月，屏東產出的樣本送至滿洲於7月中旬舉辦的大連博覽會，皆博得好口碑。昭和10年熱帶產業調查會舉辦時，「咖啡」已是一種極為重要的經濟作物類別。

　　昭和17年度全臺灣產咖啡曾達到產量高峰，同年《臺灣經濟年報》對咖啡園的經營提出報告，以當時日本企業資本家投入臺灣的咖啡事業中，經營中等以上規模的農場就有六處，計有：住田物產株式會社農場（320甲，花蓮港廳瑞穗區舞鶴）、木村咖啡店嘉義農場（117.386

甲，臺南州嘉義市紅毛埤）、木村咖啡店臺東農場（148甲，臺東廳新港郡都蘭庄高原，今泰源盆地）、東臺灣咖啡產業株式會社農場（56甲，臺東廳關山郡關山庄日之出，今電光、廣興一帶山區）、臺灣咖啡株式會社農場（32甲）、圖南產業株式會社農場（693.386甲）。但昭和18、19年後，種植的數量即逐年下降，僅剩高雄、臺東以及花蓮三地有統計種植數量與產量，或許是戰爭的風雲已從太平洋緩緩襲來，咖啡此種嗜好類作物，其重要性已不如其他可充作工業原料或民生必須品的作物了。

◀ 昭和8年在東部花蓮也出現咖啡屋的消費型態，圖為富士咖啡屋。

◆臺灣咖啡銹病的傳染路徑

咖啡銹病的發生可追溯至1868年非洲中部和東部以及錫蘭（斯里蘭卡），其後隨咖啡種植的足跡散布到亞細亞、大洋洲、西印度、中美、南美等地。1880年英國殖民地錫蘭以及爪哇群島的咖啡事業因銹病與蟲害的影響，已到了無可挽回的地步，以致錫蘭逐漸捨棄咖啡種植而轉作茶葉。或許也因此，英人洋行試圖尋找另一個咖啡生產的殖民地，臺灣因適合植茶的地理環境與天候，被洋行視為是咖啡種植的新試驗地。

清末光緒年間，洋人透過清朝勢力，或多或少的將咖啡帶入臺灣種植。其實清政府本身也考慮在「開山撫番」之餘，將咖啡種子帶入山區部落。1884到1885年間，臺灣受清法戰爭波及，一度遭受法國艦隊封鎖，在如此情勢下，咖啡種子與樹苗在此期間，仍沿著淡水河深入臺灣北部三峽山區和其他茶商手裡，可以說皆肇因於咖啡生產的經濟利潤誘因。不過也因此，無可避免的將原生銹病的咖啡種苗傳入了臺灣，並長期受此困擾。昭和6年後，日人調查臺灣的咖啡栽培現狀，對銹病的傳染源即有深入的探討，其過程主要如圖分為兩處源頭──從錫蘭傳入冷水坑的セイロン（錫蘭）種，以及由恆春試植傳出的爪哇種。

田代安定任場長時期，恆春殖育場原是臺灣最大的咖啡試驗培育地，結果也因此成為咖啡銹病最大的溫床，尤其以錫蘭與爪哇移入的種苗問題最大，傷害臺灣的咖啡種植事業也最深。

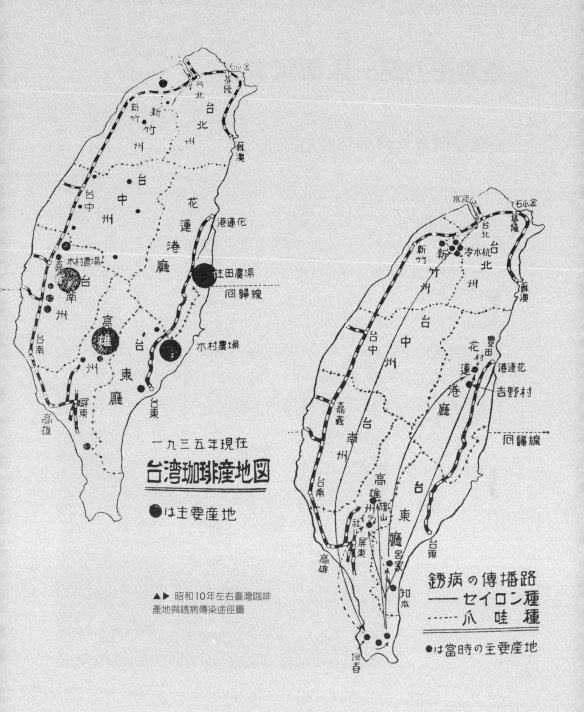

一九三五年現在
台湾珈琲産地図

●は主要産地

▲▶ 昭和10年左右臺灣咖啡
產地與銹病傳染途徑圖

錆病の傳播路
—— セイロン種
------ 爪哇種

●は當時の主要産地

臺灣史上第一大博覽會

公園獅與臺北俱樂部熄燈結束

　　曾經是明治時期繼淡水館後唯一的官員高級俱樂部——臺北俱樂部，到了昭和十年間已經喚不起任何人的記憶，甚至任其荒廢。早於公園獅之前，臺北俱樂部已經是提供官員一處娛樂休閒的高級場所，俱樂部旁邊的公園獅有時候還會借用其場地舉辦一些展覽會或宴會。如今在所謂俱樂部、集會所、療養所興盛的昭和時代，臺北俱樂部卻完全讓人遺忘，有些人更不知道這一極具歷史價值的俱樂部的位置所在。臺灣博覽會舉辦前夕，位在新公園內公園獅咖啡屋旁的臺北俱樂部，也被徵收為博覽會迎賓館用地，與公園獅一同走入歷史。

　　公園獅被徵收改設臺灣博覽會的招待所「迎賓館」，昭和10年6

▶ 昭和10年臺灣博覽會迎賓館，即臺北俱樂部和公園獅原址。

▲ 迎賓館玄關外服務人員合影

月初公園獅撤離後，迎賓館隨即於19日起工建造，土地面積437.56坪，兩層樓建物約二百坪，內部有餐廳、會議室、電影放映室等設施，建構採鋼筋混凝土和防暑磚材質合用，不到三個月時間，同年9月30日即完工。而在臺博會舉辦前，迎賓館地基還在施工期間，博覽會贊協會已預備徵募年紀在18到30歲之間、至少二十名女學校畢業的婦女，專任為招待員。昭和11年2月臺博會後迎賓館建物如何再利用陸續被提出討論，最終在臺北市議會定案改稱「財團法人協和會館」，提供官廳在職者、退職者以及原臺北俱樂部會員等使用，會館內設有庶務、學藝、體操、撞球、麻雀、圍棋、將棋各部，唯餐廳開放給一般市民。新公園內最著名的歐風社交場所歷經臺北俱樂部、公園獅到迎賓館，此後則撥歸退休官員和民眾共享的協和會館，引領風騷一時的咖啡屋至此淡出。

躍進臺灣之姿──「始政四十周年記念臺灣博覽會」

　　昭和10年10月10日起，「始政四十周年記念臺灣博覽會」舉辦之際，除主要會場的展示，臺博餘興節目的娛樂化，更是吸引大眾觀光的一大賣點。臺北南カフェー組合在十天的會期內全面動員旗下女給，永樂、羽衣、モンパリ（我的巴里）、トモヱ會館、日活、巴、美人座、ボタン（牡丹）、水月、サロンユリー（沙龍百合）等咖啡屋、喫茶店與舞場皆萬中選一，從店內中精挑細選第一號金牌女給，參加第二會場演藝館六幕歌舞劇「ミス臺灣」演出。其他則有臺北檢番匠師若柳吉己郎帶領的藝妓演出歌題「南國戀常夏」之蓬萊踊；臺北、萬華、基隆各檢番則由西川嘉定門下藝妓演出長歌舞踊「義人吳鳳」、「臺北四季」、日本傳統樂曲常盤津「若木花容彩四季」等演舞劇目。在臺博會大肆宣傳躍進臺灣之姿的同時，永樂咖啡店與羽衣會館內更出現遠從日本跨海支援的十多名舞女，高喊「藝術女給來囉！」，藉臺博熱潮壯大聲勢。全市的各類商工團體也同出一氣，揭竿籌備規模前所未見的「臺北市聯合大賣出」，不論市場、料理店、飲食店、咖啡屋或博覽會賣店皆群起響應。

▲ 昭和10年臺博會期間，永樂咖啡屋以藝術女給為宣傳特點。

　　11月初贊協會臺北寫眞材料組合主辦「內臺美人攝影」，分別在第一、第二會場擔當模特兒的「美人」，即由市內一流咖啡屋的女給、舞女充任。以臺北茶商工會為主的贊協會臺灣茶葉宣傳協會，除動員協會會員組成詩意閣宣傳隊伍

繞行市內，贈送協會小旗和免費喫茶券，也商請城內及大稻埕檢番的
藝妓與永樂咖啡店女給在第二會場演藝館內共同演出地方戲採茶歌。

　　大稻埕檢番的藝妲與女給們輸人不輸陣，有一百多人參與，在
臺博大稻埕分場演藝館大膽奮力演出新舞蹈與喜歌劇等歌舞節目。有
同聲舞場、エルテル（維特）、沙龍OK、日輪（太陽）、百合等咖
啡屋眾女給參與，並由「臺灣新劇第一人」張維賢任舞臺監督指導演
出。大約此時，張維賢擔任百合咖啡屋經理一職，更打出女給錄用的
條件爲「一爲會說日語；二爲能留意服務、容貌」，因此幾乎每天都
有女給湧入應徵。另一方面，演出前數月，藝妲表演者則定期在江山
樓每日定時排練「南國花譜」各場的臺灣舞蹈、西洋舞蹈和流行歌。
臺博十日期間的大稻埕南方館，中國京劇、女給與藝妲之現代歌舞、

▲ 昭和10年臺灣博覽會期間北咖啡屋組合女給表演舞蹈

演劇、喜歌劇輪番上陣，一時人氣沸騰。會期間有新竹詩友林毓川在《臺灣日日新報》上發表〈始政四十周年臺灣博覽會記念〉形容之：

> 士女如雲集，參觀自博通；物陳諸館富，書閱百家同。
> 藝品皆精品，人工奪化工；市廛添布景，勝會勝東南。

　　森永與明治製菓在日本與島內的競爭也延燒至展場內，森永製菓在第二會場布置特設館，館內喫茶店選拔三位美少女為服務生，現場還有糖果實作之解說，帶動買氣，衝出好業績；至於明治製菓則在「子供の國」（兒童國）會場休憩區設置喫茶部。

　　臺博會熱熱鬧鬧登場，但朱點人的小說〈秋信〉一文，反而點出了博覽會舉辦時臺人與日人在政治社會上的落差，以及新、舊時代交替後的滄桑感。主角斗文秀才「想要振興漢文」，於是糾合同好，創設詩社，提倡擊缽吟，臺北全島詩社聯吟大會舉辦前，他想與會趁機改革擊缽吟的陋病，結果在登上火車前一刻，被汽笛巨響嚇暈過去了。來到「始政四十周年記念臺灣博覽會」舉辦當下，連鄉下田庄人都對此活動「大讚而特讚」之時，斗文先生也禁不住兒孫同窗的來信鼓吹，一個人毫不聲張的隻身北上遊覽，只是在會場內因不懂日文，受了侮辱而氣憤的離開；他又想起前朝的撫臺衙，想趁此看看，卻因為原址改建公會堂，撫臺衙已遷移植物園內，對比往日的繁盛，冷落寂寥的情景讓斗文先生不禁興起晚秋的涼意。〈秋信〉可說是一個時代兩樣情的真實寫照，帝國殖民臺灣四十年後，在同化政策的執行與想像中，臺人要成為「公平注視下」的「日本人」，仍是多麼困難的事。

漢字文人的摩登咖啡屋

咖啡屋時代的風花雪月

　　學者塞瑟林（Saisselin, R.G.）指出，十九世紀末布爾喬亞中產階級興起後，有一些喜好蒐集的人，會強迫性的蒐集有美感價值的東西。國際性萬國博覽會的舉辦，工業革命後大量生產的複製商品，大城市中的長廊商場以及百貨公司的出現，都成爲中產階級如魚得水的殿堂，以致於不得不承認：

　　就是在這些地方，十九世紀的美學觀察家發現了現代人，更重要的是，現代女人最強大的美學活動與體驗：商品與奢侈品的吸引力，及購買的樂趣。簡而言之，就是買賣的美學。

　　「現代人」伴隨著十九世紀末工業化與現代化商品而出現，臺灣的腳步最慢則遲至1930年代始，而於昭和10年臺灣總督府所舉辦的「始政四十周年臺灣博覽會」期間達到全面性的「現代人」符號高峰。創辦於臺南的《三六九小報》（昭和5年9月9日）及創刊於臺北的《風月》（昭和10年5月9日）通俗雜誌，最能體現臺灣南北島都的物質消費文化已急遽的進入「現代人」的世界。

　　《三六九小報》創刊號發聲於昭和5年，也是1930世代的開始，〈發刊詞〉對於時代背景有簡單的著墨，「我同人，生於物質文明之今日，事事物物，有限性靈，因之汨沒殆盡。幸賴諸同人，朝夕過從，

解衣磅礴，放浪於形骸之外。」於是在談笑間，開闢一休閒文字的報
刊，「別開一生面也」。《三六九小報》內容包羅萬象，以純漢文雜報
的方式，提供了當時代的「現代人」讀者一種廣泛多元的閱讀文本。

　　昭和5年10月23日的《三六九小報》刊出〈一個毛斷女的裡影〉
連載，即是作者根據真人真事改寫的兩性議題，對一位受大都會與金
錢誘惑、有智識的毛斷女（摩登女），周旋在數位男性間以至於沉淪
的悲慘際遇，有深刻的反省。

　　昭和7年7月3日，〈芳圃閒話〉一文作者直擊1930年代初的女性
趨勢，針對中國江南的婦女服裝有一番評論。他說當時的婦女：「趨
時尚奇，日新月異，大體漸傾於歐化。……時髦女郎所尚之裝束，長
裙而短衣，袒襟而露肘，蜷髮而革履，無一不習歐風。」而且還有一
怪現象，「昔時婦女妝飾之爭奇鬥艷，皆始於妓女。……今之時髦則
反創始自閨秀，妓女因倣而效之，以自矜貴，而高抬其身價焉。」俗
風的轉變，也令其大嘆此為怪現狀。

　　不僅如此，也有漫畫嘲諷現代男性世界的表裡不一。昭和7年9
月9日〈現代世像表裡〉有傳神的解讀：「表 —— 口念阿彌陀佛萬慮
皆空，裡 —— 其實珈琲店偷來暗去」、「表 —— 對他兒子便伸張父權

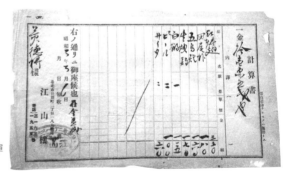

▶ 江山樓消費帳單
（林德龍藏）

胡亂罵了一場，裡──其實是不良老年常在花街柳巷喝酒」、「表──堂堂社長，裡──他的洋服帽子皮靴全是月賦（按月付款）」。足見咖啡屋時代男女兩性世風日下，已日漸形成一幅追逐摩登時尚、消費大量情慾的啓示錄。

昭和8年度，臺南的酒樓略見式微，尋芳買醉的客人厭捨酒樓轉而光顧咖啡店，普遍的光景是店內播放著流行音樂，女給們「燕瘦環肥」、「群花招展」，陪著客人跳舞喝酒，極盡官能享受，被稱爲「尖端時代之寵兒也」。其中臺南市西門町小公園前的「明星」咖啡店站上了排行第一名，爲三層樓高的店面，有青紅電燈布置，座席寬敞，高椅背可當作屏風擋掩，布置清新，剛開幕時有女給二十三名，還有店主親自邀請臺北市籍的知名女給千代子、阿珠等。此外，《三六九

▲ 大稻埕大屯咖啡屋消費帳單（林德龍藏）

▲ 孔雀咖啡屋消費帳單（林德龍藏）

小報》每每刊出「花間瑣語」，陸續報導女給新聞，昭和8、9、10年度所見臺南較先進的咖啡店有「蝴蝶」、「鈴蘭」（スズラン）食堂、「大宮軒喫茶店」、「沙龍銀座」、「天國」、「巴里」、「寶美」、「和蘭」等。另外，還有因應潮流由醉仙酒樓擇鄰改裝的咖啡店「醉仙」，即使遇上昭和9年的不景氣，一般商店的購買力下降，但「醉仙」的酒客仍是每夜來來往往，熱鬧不已。南部其他地區見報的咖啡店，如嘉義有「家庭」，屏東有「壺天」。

　　《風月》雜誌原由臺中仕紳吳子瑜出資三千圓創辦，吳子瑜曾創立詩社「怡社」，也是櫟社社員。《風月》最初的旨趣為「維持風雅、鼓吹藝術」，是一份具有消遣性、通俗性及花柳界藝姐寫真報導的綜合雜誌，每月逢3、6、9日出刊。主筆謝雪漁（瀛社）以及編輯群大抵多是漢詩社舊文人，與《臺灣日日新報》漢文詩欄的作者互有重疊，如「星社」、「天籟吟社」、「瀛社」、「鷺洲吟社」等。《風月》模仿花國豔影集發行所、南方館大稻埕助成會在博覽會期間的臺北美人的花選秀，也從昭和10年12月29日第37號開始預告並開辦「臺北

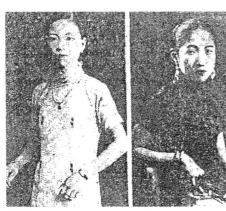

▲ 昭和10年臺北花選（票選藝姐）之儷影

美人人氣投票」，說穿了就是藝妓、女給、舞女的票選活動，共有389位參加，本年度博覽會期間的從業者，大約皆名列花冊。但《風月》得之花柳界，失之也花柳界，據猜測，「臺北美人」的選拔活動期間，吸引大批讀者參與，發行量增加，但

也因爲不具名投票，前後名次差距過大，產生選票風波。原本二十回的投票，不得不在第六回後中斷，這次活動的中止，也造成《風月》第44期（昭和11年2月8日）出刊後即停刊。

《風月》停刊後，在簡荷生的奔走下，於昭和12年7月20日復刊，更名《風月報》。除蓬萊閣主人陳水田的資助，成員陸續有徐坤泉、詹天馬、張良玉、吳漫沙、林錫牙、林玉山、施學習等人加入，往後舊派文人逐漸脫離。轉型後的《風月報》，花柳界的報導也減少許多，而成爲輕鬆的大眾文學讀物，中途還有張文環一度擔任日文欄主編。此外，甚至曾掀起兩次新舊文學論戰。

回到「現代人」觀感，《風月報》也曾廣泛討論娛樂消遣、兩性關係與時代風氣，反映出現代化社會現象，〈中國藝人 —— 阮玲玉哀史〉分六期刊載（第75、76、78、79、82～83合刊、84期），對影人阮玲玉的殞落有鉅細靡遺的觀察；雞籠生「珈琲館」專題，對上海租界地的社會面有深刻的體察；徐坤泉小說連載《新孟母》，描寫新女性受舊社會的摧殘；〈時裝潛勢力〉（第50期）翻譯介紹西方流行的時裝趨勢；「摩登生活學講座」第一講〈男女須知〉（第50期），則是摩登男女兩性交往的現代生活公約。

另一方面，在摩登風氣的席捲下，有人也語重心長的提出道德勸說，以昭和15年出版的長篇大眾小說《韭菜花》（吳漫沙），尤其對墮落的摩登女性提出諄諄教誨。在吳漫沙的眼底下，「摩登」等於是「虛榮」、「墮落」的代名詞，較早刊於昭和13年1月第58期漫談〈放掉摩登吧〉一文，即有憂心忡忡的呼籲：

我們若每天到馬路上去看看五分鐘，至少也可發見十個以上的著洋裝，高跟鞋，電頭髮，體態婀娜，婷婷嬝嬝的摩登小姐。所謂「摩登」，就是「時髦」，大家是都知道的。這些摩登小姐們多數是受過相當的教育，或是在學中的女學生，或商店的女店員，這些這些確是大都摩登化了……。總之，婦女的「摩登」化，是關係著風化的；她們把自己的人格降到舞女、女給的水平線上還在其次，更有許多的女性，因受到環境的渲染，雖然家境很困苦，也寧願犧牲一切而求「摩登」化……；你看，摩登的女性，天天只是在梳妝臺裡討生活，講究時裝，討論著美容的電髮功夫優劣，皮鞋店裡的高跟鞋那一雙是一九三八年式，一切一切，都在注意摩登的工作。

流行的趨勢由藝妓、女給和舞女們等職業婦女引領風騷，讓有些男性隱約覺得不妥，之後又有南投人「醉蓮」投稿贊同〈放掉摩登吧〉：

本島的婦女，對於塗脂擦粉，著洋裝，燙髮，也很進步，日趨日下，弄得窮奢極侈，觀電影，學跳舞，無所不為。富有的婦女更不必說了，甚至那些勞工的婦女，亦大都習尚時髦，模倣歐化，研究摩登，竟把她們每日勞苦換來的金錢，盡都消磨於粧飾與摩登！

「摩登化」幾乎等同是妖魔鬼怪的化身，多少也看出當時代對於社會現代化的進步所帶來的隱憂。昭和14年，《風月報》內的投書對都會摩登女繼續窮追猛打，4月有馬二的白話詩〈都會的女性〉，呼籲都會的女性、時代的女性們，不要再「慕虛榮」，趕快回頭；6月有

小吳的白話詩〈摩登的女性〉，強調都市中的燈紅酒綠正是「地獄中魔鬼的招徠」，華服、珠寶是「變形的手銬腳鐐」，已經把摩登女比喻成「墮落的行屍」。昭和14年9月，曉風的短文〈黃昏的街頭〉，即時側寫走在島都街頭的三十分鐘印象，則不帶過分的道德評判，眼中的摩登女性既性感又獨立，連登上設在樓上的咖啡館的職業新女性（女給），走起路來都很有風情。也有持不平的聲音，如〈煙花〉、〈夏夜談〉、〈月光曲〉、〈霧夜〉等小說中描寫的藝妓或女給，點出並非單方面的問題，這些新時代的職業婦女，有家境經濟的問題、有職場上的剝削、有男性的無情和不忠，種種不公所造就偏頗的女性形象，深深影響世人的觀感。對於「摩登」的觀感和概念，不管是褒或惡，到底在昭和時期已成為一種普遍的社會現象了。

　　《風月報》後期在主事者徐坤泉離開後，花柳界的新聞又見增多，並與臺南《三六九小報》系統作者互動相通，連編者吳漫沙也不能不呼籲投稿者，「那些香豔和肉感的文字，不但不是現社會所要求的東西，而且會影響於後代！我們懇求同志們，把筆桿兒轉換轉換。」

◀ 昭和8年孔雀咖啡屋廣告

▶ 昭和10年萬華友鶴
咖啡屋廣告

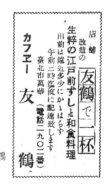

風花雪月話「珈琲」

　　較早在昭和5年9月，嘉義市鷗社同人在《三六九小報》（臺南發刊）上刊登藝妓花榜票選活動，主要對象限嘉義市內各料理店本島人美女，此時南部的花選活動仍以旗亭、酒樓等料理店的藝妓為主要對象。花選開票後，出名的酒樓有「西薈芳」（東薈芳系統）、「宜春樓」、「文明樓」、「碧霞樓」、「桂花亭」、「第一樓」、「金花亭」等。

　　昭和9年4月，《三六九小報》有「岱宗」人士的〈北中遨遊小記〉，觀察到臺北市內各處林立的大小咖啡店計有二、三十家，皆「高樓宏敞，裝飾優雅」，還記得名號的就有「東亞」、「紅雀」、「銀鳥」、「美人」、「孔雀」、「世界第一家」、「悅女締女」、「兩國」、「紅蘭美人座」、「同聲」、「牡丹」、「南國」、「沙龍OK」、「水月」等。在新竹一地，僅記得的咖啡店有「新橋」、「銀貓」、「雙葉」、「麒麟」等。旅行到臺中時，原有七、八間咖啡店，但聞「未來花」已倒閉關店，其餘則有「太平樂」、「新高」、「月宮」、「忘八里」（モンパリ）等。

　　昭和10年底《風月》亦舉辦「臺北美人人氣投票」，投票預告時，

▲ 昭和7年臺北南國、美人座、牡丹咖啡屋廣告

參加票選的「臺北名花」共分「藝妓部」、「女給部」、「舞女」三大
職業面向，除開藝妓以旗亭、酒樓出局為主，其他女給與舞女的服務
店家，亦可看出當時臺北稻江一地最有名氣的幾家咖啡屋與舞廳。咖
啡屋有「第一」、「維特」、「孔雀」、「サロン」（OK沙龍）、「大
屯」、「日輪」、「百合」、「龍宮」；舞廳咖啡屋則有「同聲俱樂部」，
室內裝潢高尚精緻，女給的服裝優美，跳舞場設在三樓上。

　　昭和12年底，原在臺中經營的「寶」咖啡店加入稻江戰局，在太
平町設立分店，旗下女給列名四十九位。至於較單純的喫茶店曾出現
在《風月》或《風月報》廣告中的太平町店家有「ツバキ」（椿）、「松
竹」、「天馬茶房」喫茶店，以及介於食堂和喫茶店間的「國昌食堂」。
而天馬茶房店主詹天馬也是《風月報》的贊助者之一。

　　昭和14年4月，詹天馬為「適應社會的要求」，在太平町蓬萊閣
與維特之間開設天馬茶房，室內裝潢富麗堂皇，專賣高級茶品，交
際應酬收費低廉，採薄利多銷的經營方式，號稱「島都唯一之喫茶
店」。

　　昭和15年《風月報》2月號登出臺中市橘町驛前通新高會館廣告，
新高會館的老闆高兩貴，同時也是雜誌的贊助者，發行人簡荷生受邀

●味覺の極樂

日　之　本
臺中公園前

●麗人の殿堂

闇享樂の陶醉境

サロン日活
臺中市大正町

闇近代人の慰安所

カフヱー吾妻
電話一五三番

宿ブラのおつかれは
吾妻　で……
臺中
カフエー・スブラン
電話一七番

にこやかに
だれでも好きになれる
氣安さを持つております
臺中
カフエー太平樂
電話一四五番
……中華……

●夏の夜の歡樂境
●愉快なサービス！

◀ 昭和7年臺中、彰化
地區咖啡屋廣告

應酬寫了一則廣告特編〈臺中新高會館參觀記〉，介紹新開幕的會館內部格局與裝設有：

> 階下是大眾的喫茶食堂，二階和三階就是宴會場和新時代社交上不可少的珈琲館（カフェー）了！筆者受其盛意，邀到各處參觀，佳肴和美酒，不用說是很可口的了，而且那四十餘位嬌滴滴活潑美麗的女給，都是妙齡的年紀，接客的溫柔，招待的周到，幾乎要使一般紳商好像醉入迷魂宮了！

　　昭和16年7月2日下午六點，《風月報》雜誌在蓬萊閣舉行改名披露會，官紳齊聚一堂，並選上稻江的花魁──花月痕、秋子、敏枝三人入席陪酒。7月號後《風月報》改名《南方》，「刷新內容，抱著文章報國的熱情，一意專心，圖報國恩之萬一。」《風月報》後期力圖「開拓純粹的藝術園地，提倡現代的文學創作」的宗旨，也因捲入日軍東亞共榮圈的戰爭中，不得不改頭換面，吹起了「報國」的號角。昭和18年新春紀念和5月天長節，除基隆市「カフェー銀座」、「カフェー千歲」、「豐香食堂」（喫茶、用餐）；臺中市「新高會館」等社交場與喫茶店的廣告，以後進入戰爭期的《南方》已見不到大眾社交場所咖啡屋的廣告。

　　相較於1930年代旅日青年的頹廢與流亡意識，1940年代進入戰爭期的旅日青年則有生活上的轉變。昭和17年11月8日，張文環與龍瑛宗應邀東京參加「大東亞戰爭和東京臺灣留學生的動向」座談會，會中出席的留學生有東京法學院王育霖、東京高等師範理工學系王克爽、早大政治經濟學院蔡慶榮、慈惠醫大杜世斌、應慶醫大王三聘等

人，與會留學生談起東京生活，能給予一種「非常明朗的心情的自由……是在自己賦與的學問範圍內，一切有獨創性，能自由鑽研」的快樂。而在物質文化方面，則是在「文化性的設施上，能夠提升我們精神上或情操方面的那些活動，非常多而覺得很好」，如每晚在甚麼地方都可以聽到廣播，每個月都有美術個展；放假日也能到郊外旅行等。

　　但昭和19年後，臺灣島內作家也不得不奉派參加前往各地工廠、礦區、油田、農場、訓練所等地見習，並且將這次的體驗安排在臺北市料理店紀州庵舉辦座談會以及寫稿發表。作家龍瑛宗被派遣到高雄海兵團，寫出〈若い海〉（年輕的海），直擊臺灣人二等水兵團部隊受訓的戰鬥精神；呂赫若配發臺中州下靠海的謝慶農場，寫出〈風頭水尾〉，是戰爭時期下的農民開墾惡地，與海風、海水以及鹽分搏鬥的篇章。其他諸如陳火泉（金瓜石銅山）、周金波（臺南州下斗六國民道場）、張文環（太平山）、楊逵（石底炭坑）、楊雲萍（臺灣纖維工廠）等作家皆被捲入這場「文學奉公」的運動裡。

▲ 昭和12年臺中「寶」咖啡屋的女給軍團一行四十幾人，由店主林瑞火帶領，陣仗頗大，前往神社參拜，祈祝日軍武運長久。

進入戰爭時期的咖啡二三事

決戰下停止娛樂的聲音

　　昭和11年2月，「南カフェー營業組合」加入戰爭獻納行列，組合內カフェー會員共計五十家，女給與從業人員七百名，計畫五年內集資六萬圓，捐贈一架命名「南カフェー」號的飛機。但此決議一出，有部分會員反對，隔月的臨時會中便從飛機改成獻納兵器，並且不再向女給們抽取獻金。戰爭的號角響起，餐飲業與娛樂界積極的以行動表現愛國情操，但臺北市政府卻在是年7月動了加收「歡興稅」的腦筋，不合時地的惡稅，惹得南、北カフェー組合聯合陳情反對。

　　昭和11年9月第十七任新總督小林躋造繼任，即揭櫫治理臺灣的三大政策：「臺灣人民皇民化」、「臺灣工業化」、「加強南進政策」。為達成此目的，翌年他談到：「必須透過提升大眾教育，矯正語言風俗，並培養忠誠帝國子民的基礎，以便為帝國精神的推廣貫徹而奮鬥。」以後日語講習會和部落振興會普遍設立與推動，強化控制臺灣人民的日常生活、舊有習俗與精神思想層面。

　　昭和13、14年度，高雄、臺北各城市陸續傳出警察署針對料理店、飲食店、喫茶店及咖啡屋等，有關夜間營業時間以及喫茶店不得賣起酒類的嚴正警告。

　　昭和14年9月1日起，每月的一日開始實施「興亞奉公日」，以「早起勵行、報恩感謝、大和協力、勤勞奉公、時間嚴守、節約儲蓄、心身鍛鍊」為主旨，成為國民精神總動員與國民生活的指導原則。

當月臺中州南投郡南投街的料理屋業者爲徹底奉行，即訂出每月一日的興亞奉公日當天不賣酒的自律行動。

　　昭和14年11月1日臺灣開始實施「米穀移出管理」，禁止米穀自由貿易，白米也在管制之列。民眾私藏米糧或黑市買賣時有所聞，總督府並鼓勵研究代用食物，屬於嗜好飲料的咖啡，此時也發展出以龍眼、大豆、番薯或米糠爲原料的代用品。黃得時回憶道：「巴西進口的咖啡嚴重斷貨，就以龍眼核研磨成細粉末，烘烤之後，當咖啡泡，還眞有點咖啡味道。」在沒有眞正咖啡可喝的戰爭時期，無咖啡因的代用咖啡成爲聊勝於無的怪東西。而戰時的皇民化體制也嚴重影響了料理屋、咖啡館等娛樂界的事業經營，昭和15年後，各地都有女給組成的軍隊慰問團，演出短劇、歌唱與舞蹈節目，或組成女子奉公會，進行婦人學習、改穿染黑的浴衣等自律活動。娛樂場所也有新的營業限定，規定晚上十一點門禁，禁止囤積酒類等；客人飲酒也有嚴格的規定，有的地方一人只能點一瓶，禁止敬酒、划臺灣拳，不准勸酒；禁止藝娼妓穿著上海式服裝等，並強制在意識上有礙風俗字眼的咖啡屋改名，臺北如「おねちゃん」（姊姊）更名「大黑」、「メトロポール」（新都會）改成「秋月」、「處女林」改爲「八千代」等南警署管內的八家咖啡屋。高雄方面，高雄カフェー組合中則有「タイヤル」（泰雅族）、「キネマ」（電影）、「ゴーストップ」（GO・STOP）、「オリンピック」（奧林匹克）等幾家外來語店名的咖啡屋

▲ 戰爭時期喝咖啡成了一件奢侈事，開始有用大豆代替的產品廣告出現。

也有改名的動作。不過也有喫茶店或咖啡屋無視新規則，一連發生多起違反取締規定的事件，昭和15年8月，即有「インチキ」、新都會等喫茶店皆被命令停止營業。昭和16年3月，改名後的八千代咖啡屋也被告發販賣的飲食物獲取暴利。11月，受物價波動影響，一些喫茶店不得不提出陳情，希望調漲咖啡、紅茶等價格。

昭和15年，臺北的料理屋、飲食店及演藝業各界響應「興亞奉公日」政策號召，每個月的一日皆自動休息一天。大稻埕第一劇場是一家可容納兩千名觀眾的大型電影院，第一劇場社長與內部經理人商討後，亦決定當年五月起，奉公日當天，凡有關奉公旨趣，不論官廳舉辦的演講會或女給、藝妓的講習會，一律免收三百圓的場租費。8月底，第一劇場基於輿論和時局的考量，將位於劇場內的第一舞廳關閉，島都的跳舞時代至此步入終點。

昭和16年臺灣逐步進入戰時新體制，4月19日「臺灣大政翼贊協力會籌備委員會」成立「皇民奉公會」，書刊、廣播、戲劇、電影、演講會等皆淪為推行皇民化的工具，皇民化運動乃進入後期「皇民奉公」運動，為島內進入全面決戰期準備。昭和16年12月8日（夏威夷時間12月7日），日本聯合艦隊偷襲珍珠港，美國因此轉變孤立主義的立場，直接對日宣戰，與日本交戰多年的中國也對日宣戰，太平洋戰爭終於爆發。美國的參戰也引發德國和義大利對美宣戰，歐亞兩大戰場合而為一，全球進入戰爭死亡人數最多的第二次世界大戰。世界秩序驟變，殖民地臺灣成為日本帝國大東亞共榮圈的南進基地，社會上普遍瀰漫著全面戰爭開始後的物資緊縮心理，「武運長久」的精神標語旗幟在各地的商家懸掛，永樂カフェー或菊元百貨店皆看得見。昭和17年3月，總督府情報局針對料理店、酒吧等高級娛樂發表，停

止享樂的呼籲也浮出檯面。在全面戰爭的動員下，昭和18年11月13日官方也舉行「臺灣決戰文學會議」，會中西川滿提議廢止結社與刊物發行，《文藝臺灣》與《臺灣文學》同時廢刊，臺灣不只失去僅存的純文學創作發表園地，也幾乎斷喪創作自由。昭和19年3月1日，總督府情報局針對戰爭非常時期，發表高級享樂停止綱要，並於3月10日起施行，等於直接吹起了料理店、咖啡屋、酒吧等特殊服務業的熄燈號。對於突如其來的高級享樂停止的措施，所有特殊服務業的從業人員皆面臨被迫轉業。

◀ 昭和18年，戰爭時期增產報國的宣傳廣告。

戰爭下的青年悲歌

昭和17年2月14日這天,中原薰氏接到入伍近三年的兒子中原明的遺書,寫著:

「うつし世を先立つ我を許し召せいくさに散るは譽にしあれば。」
(請允許先行走完變幻塵世的我,可以將名聲散布在青草上。)

中原明出生在臺北艋舺南新街(南門町),是道道地地的「灣生」仔。昭和13年3月從臺北帝國大學理農學部農藝化學科畢業,隨後進入臺灣製糖會社服務。昭和14年5月被徵召投入中國戰場。服役中與「あらたま」(革新)成員大坪和雄相交,昭和16年6月也成為「あらたま」會員,7月發表個人作品;隨後,是年12月戰歿。昭和18年中原明的父親中原薰將其詩歌遺稿交由「あらたま」出版,10月1日遺著《歌集南支戰記》刊行。作品中特別有〈珈琲〉一詩,描寫身處戰火下的士兵,僅能用飯盒煮咖啡,以最克難的方式喝起咖啡,原本兵馬倥傯的環境下,內心應該有訴不盡的滋味翻騰,此刻卻如此淡然冷漠地處理,與殘酷戰爭形成強烈對比:

▲ 昭和10年菊元百貨外拉起的「武運長久」布條

堆起石頭
收集木片
以虔敬的心
煮沸咖啡

飯盒的熱水沸騰
咖啡的香氣四溢
一直存在的種種想法
抬頭出來了

但是我
一副什麼都沒有的表情
以虔敬的態度
喝飲咖啡

一喝飲完
清洗飯盒

以餘爐乾燥
將其置於棚架上
因為是軍隊

一彎下腰
就點上火
一副什麼都沒有的表情
咖啡的香氣沒了
替我寄送出去
想起友情

所以每當無法忍耐時
我狡猾的
品味著咖啡的美妙
把心拉回到現實
差一點把身體交出去

　　太平洋戰爭後期，日軍敗戰跡象顯露，已到了強弩之末，臺灣青年紛紛被迫從「志願」服役到直接徵召。楊逵〈春光關不住〉劈頭就說：「民國卅三──卅四年，島上青年的影兒，一天比一天、一年比一年的，愈來愈少了；年紀大一點的都到大陸、到南方，去做東亞共榮的『皇民戰士』去了，叫做學徒兵的學生們，也被派到山邊海角各基地，去做『皇民』的礎石去了。」全面軍事總動員的徵兵政策啟動

後，少數有能力創作的文藝青年被迫一變「文學報國」青年，而多數臺人與原住民則在皇民化號召下成為「志願兵」或軍伕。在認同與反抗意識的戰鬥中、皇民化與非皇民化子民的掙扎中，無論願不願意，時代塑造的大環境箝緊了所有人，當時普遍瀰漫的精神意識，「皇民文學」被樹立為解決民族問題的方法，或許唯有流盡鮮血的「血稅」，才能成就島民為一個真正的「日本人」。

　　周金波〈志願兵〉（昭和16年，《文藝臺灣》）就在志願兵徵兵制度開始後當年9月發表，其中角色「進六」以「報國青年隊」的皇民鍛鍊運動以及「血書志願」走向成為一個真正的「日本人」，也因此引來「皇民作家」的非議。而陳火泉獲「芥川賞」候補之處女作〈道〉，於《文藝臺灣》第6卷第3號發表（昭和18年7月），則引起讀者廣大迴響。另外，王昶雄〈奔流〉（昭和18年《臺灣文學》第3卷第3號）也在是否成為一個真正的日本人的心理掙扎中拉鋸，主角本島人「春生」留學內地娶了日本女性，歸鄉後在中學任教，努力成為一位道地的日本人，家庭生活方式與布置擺設日本化，新年元旦用日本新體制拜年，說日本話，唱日本民謠，由「朱」姓改為「伊東」，在父親的葬禮上穿黑色洋裝、站立答禮。伊東春生以為，必須要將「鄉土的土臭味完全去掉」，甚至連親人都可以犧牲。對照之下，伊東的本島人學生、也是姪子的柏年，反而有年輕單純的力量，不鄙夷自己的出身，在接受純日本化教育的本島青年一代，生活中陷入傳統與同化雙重文化的苦惱時，正需要這樣一種力量來加以挑戰和克服。

　　接連加上周金波在第二屆大東亞文學者大會（昭和18年8月）舉例〈道〉、〈奔流〉（王昶雄）、〈陳夫人〉（庄司總一）發言〈皇民文學の樹立〉；陳火泉在臺北市公會堂「臺灣決戰文學會議」（昭和

18年11月13日）發表〈談皇民文學〉，決戰下的臺灣文學界，才逐漸對「皇民文學」有普遍的概念，更讓日人直接沿用爲皇民化運動的文藝指導方針。

　　皇民化運動後，「本島人」與「內地人」一視同仁只是一種神話，陳火泉在戰後以中文發表〈溫柔的反抗〉，選擇用一種隱忍且迂迴的態度，控訴「一視同仁」的欺蔑。與龍瑛宗〈植有木瓜樹的小鎮〉中的陳有三有著相似的苦悶，小說人物吳守仁進入服務的中央研究所苦幹實幹，年復一年單調無味的工作，學不到製造技術，創業的理想亦消磨殆盡，「他的計畫已經褪色，他的理想也已經消失。進取、向上、苦幹、努力，做個企業家，辦個工廠的念頭，便像肥皂泡一樣，一個一個地破滅。」時間來到七七事變翌年4月初的一個春夜，吳守仁與日本人同事來到料理屋「梅屋敷」舉辦壯行會，並有不少婀娜多姿的藝妓在席間周旋，歡送即將被徵召的田中技手同事。會中有一日人同事岡村咄咄逼人，以羞辱人的姿態詰問吳守仁對日軍侵略中國的立場，而吳氏唯有藉酒壯膽，拐彎抹角的反抗日人的氣燄。

　　隨著美國參戰，戰事不利於日軍，島內從軍出征的青年也吹出悲歌。詩人陳千武在二次大戰中雖得以倖存，但小說〈獵女犯〉或詩作〈信鴿〉都深刻註記了未曾死去的只是軀體，他的靈魂早已埋設在南洋戰場上，忘記帶回來，也是戰爭結束後少數倖存的島民群像。或許誠如陳火泉所言，那個時代悲慘的故事中，「那些言論和作爲，完全是時代和環境造出來的。」

　　昭和18年夏季，臺北街頭可見的民生飲料與冰品大多裝在塑膠袋或啤酒杯內販售，如鳳梨冰、檸檬冰、楊桃冰、梅仔冰，多以糖水、冰塊，外加水果切片，其他還有加料的飲料如米苔目、仙草冰、涼粉

條、杏仁露、紅豆冰、綠豆冰和水果盤等。而風味比較特別的則有地骨露（綠茶萃取物）和杭菊茶；另外，其他常見的也有牛奶、可樂汽水、咖啡之類的飲料。雖然，此時太平洋戰爭仍持續進行著，物質雖緊縮，但喝咖啡這件事，已經是常民在街頭見怪不怪的一般性飲料了。

昭和時代結束

昭和20年8月6日，美國在日本廣島投下第一枚原子彈，9日在長崎投下第二顆，14日日本終於宣布無條件投降。日治時期知名律師陳逸松回憶到，日本戰敗無條件投降後曾被告知，8月15日中午那天有重要的「玉音放送」，他打開律師事務所的收音機，雜音斷斷續續無法連貫，也聽不出是怎麼回事，於是走到山水亭找老闆王井泉聊天，不久一臺北特高警察佐佐木慌慌張張闖入，告知了日本戰敗投降的消息。王井泉於是到廚房泡一壺茶，與陳逸松坐下來對飲，兩人都認為那壺茶是有生以來第一次品嚐到真正的茶香。

當日，日本在臺灣的殖民統治正式結束。

▲ 二次大戰遭美軍轟炸的南、西太平洋日艦

〔附錄〕

尋找臺灣咖啡栽培試驗先鋒
── 游氏兄弟

最早的臺灣咖啡足跡

　　在尋覓臺灣咖啡歷史的小徑上，有時候的確需要一點點的微光與運氣，清末擺接堡冷水坑庄有兄弟兩人 ── 游其祥和游其源，像是忽明忽滅的亮點，隱約閃熠於破碎的拼圖線索上，時而幽弱模糊，時而綻放異彩，更多時候以為即將捕捉到的神情，下一刻瞬間卻又銷聲匿跡。如今游氏兄弟化身歷史種種條目，情節如夢似幻，實有進一步探究的必要。

　　有關咖啡移植臺灣的最早文獻，首推清光緒3年（1877）福建巡撫丁日昌擬有「撫番開山善後章程二十一款」，雖出現咖啡之屬，但「招墾連年，終無成效」，章程是否實際執行，農民是否真正施種過，仍存有疑問。清光緒17年（1891）唐贊袞所撰《臺陽見聞錄》卷下，收有「加非果」條目，見「英商杜西凌向白腊坪左近購地數十畝，佈種『加非』番果甚多。」唐氏記載之番果「加非」即為coffee的轉譯，而英商杜西凌，有一說是洋商陶德（John Dodd）。

　　1894年日清甲午戰役發生時，剛與佩利北極探險隊（Peary Arctic Expedition）回到美國的從軍記者詹姆士・大衛遜（J. W. Davidson）一聞此戰事，立刻向社內提出採訪申請，隨後前往日本，1895年3月，

大衛遜人已轉進臺灣。在臺八年的時間，擔任記者的他也將所見所聞著成《臺灣之過去與現在》（The Island of Formosa, Past and Present），其中指出「距今12年前，由大稻埕之德記洋行（Tait & Co.）自美國舊金山輸入幼苗及種子，種植於三角湧，並分讓一部分予游氏兄弟（Yu ah-sung and Yu ah-ku），栽培於板橋附近……」這段簡述，對咖啡移植臺灣的因果初次有了較具體的描述，雖然時間上與唐氏的記載吻合，但其他諸如咖啡種苗輸入地、臺灣最先種植地，或者咖啡栽植的先行者等紀錄，仍存有不少疑點。

日人領臺後的咖啡調查

第一批來臺的臺灣總督府職員田代安定，對臺灣種植咖啡始末，也有不同的記述，他以為，臺灣咖啡移植濫觴是德記洋行的英國人布魯斯（Robert H. Bruce），此人經常往來於馬尼拉、爪哇和香港之間，曾經在清光緒10年（1884）時從馬尼拉運來一百棵咖啡樹苗，其後交給三峽地區楊乾之的弟弟楊紹明耕種，不過很可能因為樹苗歷經長時間的航行，運抵臺灣後不利生長，所以那年栽種的樹苗只剩10棵存活下來。到了隔年光緒11年，德記洋行又進口了一批咖啡種子，交給楊紹明繼續栽培，最後雖然能夠繁殖成功，並增長至三千多棵，可惜到了光緒13年，由於高山原住民突然出草攻擊開墾戶，使得楊氏因傷而亡，咖啡園也因此荒廢。不過值得一提的是，文中也帶到了茶商李春生與臺灣咖啡的關係，以及所產咖啡豆還曾遠渡重洋送至英國倫敦讓人品嚐，茲摘錄如下：

　　而此園內所採得之珈琲豆，則送往大稻埕節記號之李春生處，託其用石臼碾碎炒製後試飲，後來甚至還購入專門炒製珈琲的機械，進行大量烘焙，並將成品送予英國龍動（倫敦）府品嚐，竟然博得意外好評，據說對方還稱讚此足以名列第一流的珈琲之林。

　　早先收成的咖啡豆仍以粗糙的方式加工，或許仿製茶法直接日曬，將咖啡豆收乾，繼用石臼將硬殼碾碎，再以鍋鼎炒焙、試飲，於今想像起來，當可直呼不思議，不過後來買進專門炒製烘焙豆子的機器，應可算是臺灣進口的第一部營業用新式烘豆機了。

　　此外，又如明治30年10月19日《臺灣日日新報》刊露〈再び珈琲に就て〉（再論咖啡）一文，是臺北縣殖產課長大庭永成至冷水坑庄咖啡園主游其源訪問採樣的新聞，可說是日人領臺後，現存最早的臺灣咖啡起源之報導：

　　臺北縣殖產課長大庭，為了蒐集須交給有馬侍從武官的物產，昨日（18）到擺接堡一帶出差，順便拜訪冷水坑珈琲園主游其源先生，實地親眼目睹珈琲樹發育得非常好，而且珈琲味道甚濃極佳。於是討了珈琲樹，加入參考品的行列。

　　當時臺北縣知事橋口文藏（1896-1898年任職），一方面有創設咖啡樹試育園的構想，另方面，也可藉機收集臺北縣的地方物產，供日本皇室參考，遂命臺北縣殖產課課長大庭永成等人前往臺北縣內採集。此次的調查，亦引起殖產局勤務總督府通譯官補（候補翻譯官）山田正通的注意，明治30年10月28、29兩日，山田氏也找到游氏兄

弟的咖啡苗圃，並在「臺灣史料稿本」（明治30年11月8日抄錄）中留下一篇〈珈琲栽培狀況調查復命書〉的線索，這是有關臺北縣冷水坑庄當時咖啡栽培狀況的正式報告，可能也是第一篇有關臺灣咖啡起源及沿革的官方文獻：

西元1889年，冷水坑庄富農游其源，以商務取得大稻埕的茶商德記洋行（楊乾之）的許可，獲得英國人帶來的珈琲種子一包，並且英國人還大略口傳其栽培方法等，回來後，播種於外圍。此外，其弟其祥也在其山地開始進行培養。時至今日，好不容易進入第八年，從前年起開始結實，去年也有少量結實，至本年已獲得良好的結果。

而有關游氏兄弟種植咖啡的狀況，身在現場的山田氏也有第一手目擊描述：

▼ 日本殖民初期的臺灣總督府研究所

該庄現存的珈琲樹的狀況。在兄其源的苗圃有七株,其屋後有二十株,但僅少數結實;唯獨弟其祥所栽培的山下樹株有七十欉,而且發育旺盛,高度達八尺乃至丈餘,莖幹圍有八寸,葉色青翠欲滴,結實亦良好,果粒豐美累累,如寶玉之纏綴,結實多者,一把有十五粒。

臺灣咖啡的傳聞,也普遍引起其他人的興趣,明治35年2月5日〈珈琲栽培の調查〉一文,繼續報導了總督府民政局殖產部職員田代技師與技術員木原直態,再次至擺接堡冷水坑庄調查咖啡栽培的情況,但此時,採樣的對象已經轉至游其祥的咖啡園:

游其祥最初嘗試珈琲的栽培是在光緒15年左右(距今明治35年的13年以前),大稻埕茶商楊某投下資金五千圓,開拓生蕃界,企圖大力栽培珈琲。(游其祥)幸運分配到種子,由於試驗播種的冷水坑庄,背負四面山,整個呈半傾斜,看起來極其適合珈琲的培養,於是珈琲樹就相隔十尺,乃至十五尺地散栽在約兩百步的相思樹林間。

其栽培的經過則大致如下:

游其祥播種後竟然幾乎完全放任,根本不講求方法,致使當初播種的一千五百株以上的珈琲樹,後來大都枯損,到今日也不過僅存七、八十株。

咖啡樹大都枯毀荒廢,究其原因,乃游其祥所進行的栽培方法太過於隨性,只是將種子播種在堆起的砂土上。播種後完全沒有修整,

也沒有下過一點點的肥料，幾乎棄之不顧，以致於田代安定採集時，園地荒廢，只剩下七、八十株的咖啡殘樹。

明治35年田代氏銜命經營恆春殖育場，以後對當時訪查的來龍去脈反而與新聞報導相左，採集對象原為游其祥的咖啡樹，追記時卻換成了游其源的咖啡苗：

▲ 田代安定技師

　　偶然得知在文山堡冷水坑庄之茶商游其源家中，有種植多年之珈琲樹，遂命本官等前往調查。經過現場探勘的結果，果然發現在游其源宅後側，靠近山中茶園一角，植有約百餘株的珈琲樹，其幹圍根回約五六寸，高度約一丈餘，園內光景稍顯荒廢，有些植株傾倒在地，有些則生育甚為繁茂，結實纍纍。向園主詢問其地栽培之起源，得知距離當時明治二十八年約十餘年前，有某英籍人士提供珈琲樹之種子，並鼓勵其進行栽培……後來游其源園中之珈琲苗，遂為官方所徵收，供作種苗，栽植於臺北大龍峒陸軍用地內殖產部苗圃，以及圓山公園後側之苗圃，總計培育出七、八千株以上，將近一萬株之珈琲苗，孰料後來卻為暴雨洪水所沖失，竟無餘苗留下。直至數年之後，故橫山技師方由前述之游其源宅內，重新採收種子，持往臺北農事試驗場播植，於苗木培育期間，適逢恆春熱帶植物殖育場創立，遂寄贈該場兩百餘株珈琲苗，此即為恆春殖育場最早之母株。

　　這次的踏查雖然取得臺灣再來種咖啡種苗，且再次述及種苗傳入的大致時間（約1880年代）。不過，時而來自游其源，時而出於游其

祥，也讓咖啡種苗的來源留下史上最大的疑問。直到昭和初年臺北帝國大學教職員澤田兼吉重啟調查時，大部分研究者都仍接受咖啡種苗取得的主源頭應是來自游其源而非游其祥的說法。

三十年後重啟咖啡調查

然而昭和初年臺北帝國大學教職員澤田兼吉會否定曾親自前往採集的前輩們之說法，想必是有線索上的疑慮，不論是明治30年10月19日《臺灣日日新報》的報導、同年底山田正通的調查報告書，或是相隔五年後，明治35年2月5日〈珈琲栽培の調查〉報導；新聞報導與田代安定等人的記述前後不一，無法確定的人物與時間因素，都造成臺灣咖啡起源說法上的重大分歧。其中最重要的一點，即澤田氏掌握了昭和年間臺灣全島咖啡罹患銹病大災變，及追蹤其傳布途徑和源頭的事實，想必是推翻前輩調查資料的最主要依據。若再回頭審視田代氏的記述，也許可大膽推衍出這樣的一條線索——最早從游其源咖啡園中採取的種苗（若游其源的咖啡園被官方徵收，理應是游其源的產業無誤），幾年後因災洪將大龍峒苗圃的咖啡樹全數沖失，大約在明治35年2月田代氏等人的調查之後，總督府殖產局派遣橫山壯次郎技師，再次到冷水坑採集新一批的咖啡種苗，對象應已換成游其祥的咖啡園。後來田代氏的記述會產生差異，或許是以為橫山氏所取的標本，仍為徵收後的游其源咖啡園所致。

橫山氏重新採集樣本，並寄贈兩百多株的咖啡苗至恆春殖育場（明治35年4月創立）。於是，這段歷史公案又銜接回田代安定有關恆春殖育場創立的記述。不過並沒有解決臺灣咖啡原生種苗出自誰人手

中的問題，日人領臺後前幾年的調查與採集工作，始終在游其源、游其祥兩兄弟身上打轉，也因此，有必要更進一步理清游氏兄弟的相關背景與咖啡試驗情形。

清光緒年間的「加非果」

連橫《臺灣通史》〈貨殖列傳〉「李春生」條目中有云：

先是英人德克以淡水之地宜茶，勸農栽植，教以焙製之法。以是臺北之茶聞內外，春生實輔佐之。……春生與富紳林維源合築千秋、建昌二街，略倣西式，為民倡，洋商多僦此以民。……

所言「英人德克」即為陶德，「春生」則為李春生，唐贊袞《臺陽見聞錄》中所記「英商杜西凌」若為英商約翰・陶德（John Dodd）無誤，那麼李氏早年曾當過寶順洋行陶德的買辦，則兩人間的微妙關係不言而明。而陶德未至臺灣前，在香港也曾任職德記洋行，1864年陶德先後在淡水與大稻埕六館街設立寶順行，並看準茶葉商機，將福爾摩沙茶帶進國際貿易市場，茶葉生意的成功，似乎有理由將另一種世界性嗜好飲料——咖啡攜入臺灣，將咖啡的世界性觀念直接傳譯給生意上的合作夥伴，也是人之常情，正如《臺灣通史》所敘三人的往來，茶商李春生與富紳林維源兩人理應最早接觸到陶德的「咖啡福音」，也成為日後咖啡試種相當重要的推手。

富紳林維源早年在撫墾事務上素與官方有緊密交往，林氏除了創辦「建祥商號」經營茶業，另與李春生共設「建昌公司」，合力營造

六館街洋樓，亦曾介入巡撫劉銘傳北路隘勇線的防守與樟腦拓墾中，其中大嵙崁白腦坪（或合腦坪，今角板山附近霞雲坪舊地名）為北路中營與右營的交集點，可以想像，陶德透過與李春生、林維源之間的政商關係，要將咖啡輸入林氏的山林產業內，確實不難。只不過以當時的山地形勢，漢人與原住民仍衝突不斷，官方武力也僅只勉強維持表面鎮定，憑藉茶商與茶農之力要想進入拓墾咖啡，其結果應不難預料。

游氏兄弟是誰？

明治30年（1897）6月15日火曜日《臺灣新報》即有〈舉家遭戕〉的一則漢文版新聞，報導了海山堡一地業主黃厚鄉、游其源為首的衝突事件：

不謂本月初三夜，六股仔十六寮之前山石楠湖農民許富家中，背（被）兇番一二十人割開竹圍，掘破瓦屋，列械蜂擁而入，將一家男婦老幼十一丁口，又傭工一名共十二人，盡行殺戕，屋亦焚毀，問該家畜有大豬一隻，兇番垂涎已久，求之不得，因有此禍亦未可知。經海山堡三角湧警察官抵地勘驗，目擊心傷，現時該處人民一夕數驚，防禦既無銃械，居住恐被焚殺，眾口紛紛，無非欲舍此他適。業主黃厚鄉、游其源不得不出為安頓，約代稟官，設法保護，庶該地田租茶稅不至，一旦烏有，而於　國家惟正　供亦不致有所窒礙也。

在業主黃厚鄉和游其源的產業內十六寮（今三峽安坑里）附近山

區發生這等大事，難怪業主要代為「稟官設法保護」。直至明治30年11月21日《臺灣新報》又刊出另一則〈有勇可嘉〉新聞：

海山堡成福庄為文山擺接咽喉之地，一帶庄民大都種茶為業，所恃拾六寮、拾七寮垣墉孔固，足以捍禦兇番。而莫厥收居自該寮燬後，番害頻聞，民莫寧處。業主黃德吉、游其源亟即脩資營建，近經落成，耕種者方安心樂業矣。不謂前月二十夜，天尤未曙，人尚在眠，突有兇番三拾餘人來圍，拾七寮張能智家內男女五人，其中張巷、張忠胆最壯，一聞警報翻轉起來，趕將官淮洋銃兩桿提在手上，乘蜂擁進門覰定射去，擊得一番兩鬢俱透，餘番便欲將屍施（拖）回，張巷、張忠又發兩砲，復傷二人，番始畏懼，相率潰散時已黎明。庄眾觀如堵，無不極口交贊，謂張巷、張忠勇力過人也。張巷、張忠因將該番頭顱割下，群向警署屯所守備隊及辦務署稟報情由，均蒙嘉許並欲申請大憲給賞，無非為鼓勵人心也。其屍首聞被番害家屬紛紛宰割，殆盡無他，殺人父兄恨入骨髓，今得食其肉而剝其皮，誰不爭先恐後哉。

　　報導中，「漢番」的衝突互有死傷，漢人處置擊斃的來襲者毫不手軟，猶如「以牙還牙、以眼還眼」，報復手段也極其殘虐，食人肉的慣俗更駭人聽聞。當時漢人相當迷信原住民的肉可以增強力氣與膽量，以為「心、肝、腎和腳底是最滋補的地方，大抵是切成碎片，煮成肉湯而吃的。」在1891年間大料崁山區樟腦侵墾的戰事中，漢人甚至把原住民的肉裝在籃子裡，拿到大料崁的市場公開出售。

　　前述大衛遜的咖啡見聞中，德記洋行曾分讓一部分咖啡種子予游氏兄弟（Yu ah-sung and Yu ah-ku）栽培，游氏兄弟可以說是串連臺灣

最早種植咖啡線索的關鍵環扣，也是欲解開此謎題極爲重要的一把鑰匙，在日後大庭永成、田代安定或澤田兼吉等人的踏查裡，都指向游氏兄弟——游其祥（Yu ah-sung 或轉譯爲游阿賞）與游其源（Yu ah-ku 或轉譯爲游阿韭）兩人，且將是臺灣咖啡舞臺上最爲重要的人物。

首度品評臺灣產咖啡

時間往前回溯，明治30年10月，時任臺北縣殖產課長大庭永成等人從擺接堡開始蒐集縣內產物，前一天即有武裝部隊保護，隊伍浩浩蕩蕩前往訪問冷水坑咖啡園主游其源（前述澤田兼吉則疑是游其祥之誤），並採集樣本「珈琲（三枝）」送回殖產課。當大業主游其源正苦於境內山林產業的紛擾時，在另一方面，游其祥則逐漸展開臺灣原生咖啡的栽培試驗。過了兩年，明治32年7月8日《臺灣日日新報》刊露另一則消息：

〈 品評珈琲 〉

本島產出之珈琲，唯臺北縣管內擺接堡冷水坑游其祥有栽培者，係距今七、八年前某外國人攜來之珈琲種，游受而植之。今回宮崎縣農事試驗所長田中節二郎君評論此珈琲，謂爪哇種或印度種未易判明，飲用之全無香氣，殊深遺憾，緣因收納誤期，乾燥未能得當，比沖繩之珈琲較劣，唯風味稍可耳。

此筆新聞的出現，讓臺灣本島咖啡試驗的疑惑適時取得佐證，游其祥栽培初期所產的咖啡豆曾送至日本評鑑。不過有關游氏兄弟兩人

的相關報導，似又留下了耐人尋味的伏筆，冷水坑庄內游氏兄弟，一位是茶商巨擘游其源，一位是製茶家游其祥，雖同時取得咖啡種苗，並布施於自家的田園內，卻令臺灣種咖啡走上不同命運之路。

首次嘗試栽種咖啡的游其祥出師不利，雖以為咖啡與其他特用植物的栽培法大同小異，但結成的咖啡果實卻不知如何處理，一來連品種都分不清，二來「收納誤期、乾燥未能得當」，以致於送抵日本鑑賞風味後，落得比沖繩種的咖啡還差的品評。可能也因此讓游其祥對咖啡不再抱有任何暇想，以致讓咖啡園一度荒廢，田代安定於明治35年2月前往調查時，已僅餘七、八十株。製茶家游其祥在咖啡摸索之路上摔了一跤，但出乎意料的是，本則報導留下了珍貴的咖啡品評記錄。雖說這次的挫敗似乎讓游其祥一度放棄咖啡夢，但不知何故，游其祥日後反而圖強精進，進而改以咖啡參展明治40年的東京勸業博覽會，更最終在明治43年的「關西府縣聯合共進會博覽會」榮登臺灣物產第四等賞，不過這已是後話了。

於是劇情可以如此加長延伸——最早最早那時，約1870至1872年，日人一度以為的咖啡種輸入者布魯斯（Robert H. Bruce），相繼在淡水及大稻埕設立德記洋行；清光緒11年（1885）清法戰役後，德記洋行經理馬歇爾輸入咖啡種子，並挹注資金以及提供咖啡種子勸誘往來的茶商或茶農，於是咖啡在淡水廳內三角湧（三峽）山地展開耕植，但山區情勢乖張，不論官方或民間的撫墾經營皆不順利，尤其1891年以後北部山區未曾安寧，開墾一方——漢人、林維源的民兵、清官兵，與原住民間每個月幾乎都有戰役發生。於是當年，德記洋行再次把咖啡帶進北部淺山地帶如冷水坑、汐止、大溪等地開枝散葉，其中冷水坑一地咖啡的種植者即是游氏兄弟了。

萬國博覽會展示臺灣

　　1895年臺灣成為日本殖民地後，也被迫成為展示日本國家興盛的一員，並首次以「臺灣館」主題參加世界性博覽會。明治33年（1900）法國舉辦「巴黎萬國博覽會」，日本急於炫耀新興的殖民地 —— 臺灣，也籌劃了專門介紹臺灣產物的「臺灣館」，臺灣於是搭上萬國博覽列車急乘而去。也因為臺灣館「異國情調」的地域色彩以及罕見的熱帶島嶼天然資源與物產，更因此成為往後日本參展國內外不可或缺的特色館。尤其在臺灣館內設置的喫茶店，臺灣出品的烏龍茶、綠茶、包種茶等茶品，加上纏小腳的年輕女侍，更是絕佳的風俗宣傳樣板，喫茶店也成為茶葉交易與國際交際的重要場所與空間。

　　巴黎萬國博覽會參展成功後，讓臺灣總督府更具信心，明治36年（1903）日本國內開辦的「第五回內國勸業博覽會」，總督府亦積極籌劃臺灣館的參展事宜，而臺灣館籌設委員中也大多離不開熱帶植物相關事業，如「共同賣店」相談役（顧問）、喫茶店顧問大庭永成；「臺灣總督府博覽會委員會職員」橫山壯次郎、田代安定等人。喫茶店委員則有臺北茶商公會會長陳瑞星，監察郭春秋等人。此次臺灣的物產出品，茶、糖、樟腦仍佔重要地位，臺北茶商公會在臺灣館內設置的喫茶店、茶亭、遊園地等設施一如預料皆大受歡迎。

　　明治36年7月1日，日本御名代伏見宮貞愛親王親臨博覽會會場觀遊，值得注意的是，當日並舉行第五回內國勸業博覽會褒賞授予式，會場選出傑出的臺灣產物製品與受獎人共獲得名譽銀牌一名、一等賞牌4名、二等賞牌19名、三等賞牌117名、賞狀636名。名譽銀牌由臺北廳瑞記號茶商陳瑞星之再製烏龍茶榮獲，較為特別的則是在

選出的四位一等賞牌中，臺北廳游其祥名列其中，以再製烏龍茶獲獎，而19位二等賞牌中，臺北廳游其源則以烏龍茶獲獎（但其實6月時，已有游其源過世的訃聞）。游氏兄弟兩人因為此回博覽會首次成為受日本帝國矚目的焦點（與咖啡種植相關居汐止之李萬居的烏龍茶在此次展覽中也同獲二等賞牌）。

在此次博覽會中，臺灣館籌備委員橫山壯次郎、田代安定以及大庭永成等人，與臺灣原生咖啡的發現與種植都有間接或直接的關係，而且游氏兄弟茶葉參展品更獲得一等賞與二等賞的榮譽，再加上兩兄弟在臺灣與德記洋行的茶葉生意往來，有了這幾層關係，其身分不管是茶農或茶商，應該都不難取得咖啡種子進行栽培，進一步在茶區試驗咖啡可說水到渠成。

▲ 明治36年日本「第五回內國勸業博覽會」臺灣館

▲ 明治36年日本「第五回內國勸業博覽會」臺灣館區喫茶店

臺灣產咖啡參展博覽會

　　明治36年第五回勸業博覽會中，臺灣館所見的巨大效益，也讓臺灣總督府打鐵趁熱，繼續參加日本開辦的各類博覽會。明治40年「東京勸業博覽會」熱烈開催，臺灣總督府仍舊在會場內設置臺灣館，有關臺灣茶的陳列場建築爲方形茶棚，裡面可見烏龍茶、包種茶、紅茶、綠茶、茶粉、珈琲實（咖啡豆）、仙草等，在《臺灣日日新報》有關報導中，即列出詳細的展品清單，除了琳瑯滿目的臺灣物產外，其中記有「珈琲二點」，「二點」即展示兩種品項，或者是因爲咖啡對當時臺灣的民眾而言，是較爲新鮮時髦的產物，所以文末也對當時咖啡的出品資料寫下一筆：「有記其珈琲者。此係深坑廳清水坑庄所

製之產也。」這則新聞首次對博覽會上臺灣產咖啡做出簡短報導，而臺灣產咖啡帶仍以冷水坑庄為首。

　　緊接明治40年其後的博覽會，計有明治43年舉行的「關西府縣聯合共進會博覽會」，臺灣館出品物一覽中列有「珈琲／點數／三點」，為恆春熱帶植物殖育場展出小笠原產、ハワイ（夏威夷產）、臺灣在來等三種品種的咖啡，一般出品物中則列有「珈琲／點數／二點」。其中有一事最值得注目，乃關西共進會的這一回展出評選中，「受賞者人名表」第四等賞獲獎人裡頭竟能得見「珈琲／臺北廳／游其祥」，此年，臺灣產咖啡於會場飄香，種植者游其祥終於在島外日本榮獲評賞出頭天（汐止李萬居仍以烏龍茶列名第一等賞）。隔年，日本大阪天王寺公園內開辦「第三回內國製產博覽會」，臺灣的物產出品邀請名單中，「珈琲」已是不可或缺的展覽陳列品了。

臺灣產咖啡的隕歿

　　當臺灣產咖啡在日本嶄露頭角之際，為何咖啡事業卻如流星隕落般消逝？可以說與咖啡種植先鋒游其源、游其祥先後去世有很大的關係。

　　明治36年，游氏兄弟分別以再製烏龍茶與烏龍茶聯手參展日

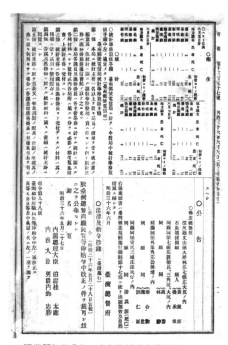

▲ 礦業願無效公告，內有游其源亡逝消息。

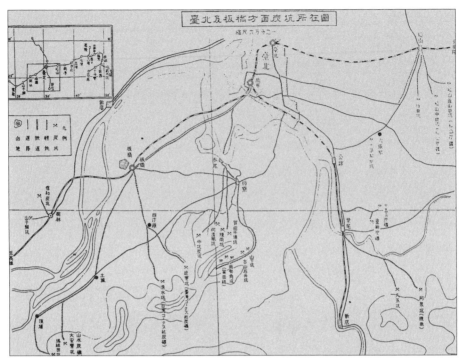

▲ 臺北及板橋地區炭坑所在圖

本的第五回勸業博覽會，並獲得佳績，但根據同一年臺灣總督府6月
6日「石炭鑛採掘願」公告，即可看到此刻還在參展中、地籍登錄於
深坑廳文山堡安坑三城庄深坑仔之內的游其源已經死亡，採礦權因而
「無效及自然失效」。日治初期，土城山區主要農耕是開墾山田與茶
園，農閒時農民還可進入尖山、牛埔頭山等山區「採土炭」。鳥瞰圖
〈海山大觀〉內，即清楚標記土城山區最大宗的特產為竹、炭礦與茶。
明治30年臺灣總督府著手調查北部煤田礦產，也在這一年，日本煤價
暴漲的刺激下，臺灣申請煤礦開採者大增，日人池田應助與其合夥人
拔得頭籌，在土城大安寮庄大埤寮糞箕湖礦區獲得許可。越兩年，明

▼冷水坑炭坑及人力手押車路線

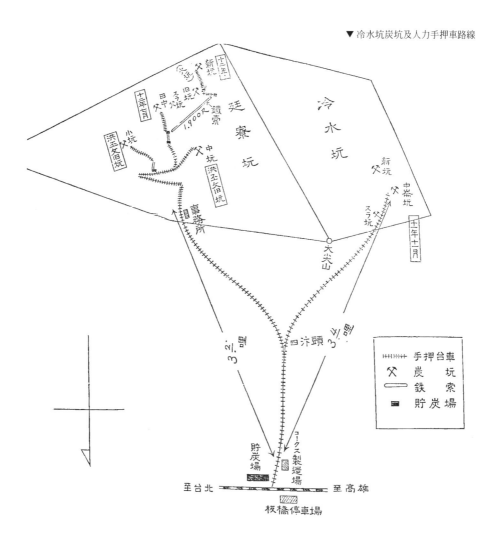

治32年繼有冷水坑庄、內冷水坑庄、頂埔庄等山區煤田許可開採。不難想見,游其源除了茶葉,對山區的煤礦事業也有莫大興趣。但游氏兄弟兩人在咖啡這條路上最大的轉捩點,應是游其源雖送出烏龍茶參展第五回勸業博覽會,卻在博覽會期間接近尾聲時已經亡故。

擺接堡之土城大墓公與板橋大觀義學

　　土城大墓公又稱「義塚公」，據清乾隆 54 年（1789）間《陂塘義塚公沿革》碑文載，原擺接堡內分有十三庄，在陂塘庄內有一大墓，俗稱大墓公，亦稱為義塚公。興設的原因「係遭林爽文之禍而葬難民之遺骸耳」，後為防蕃害經業主板橋林成祖之後代林清和集會協議，將林厝科、大樹科、陂寮科、石壁寮坑分為四坑，設立隘寮，坑內佃首、隘丁納租，合計 32 石，成為大墓公的公業基石，以後並陸續購入周邊田地，至於清咸豐年間，彰泉械鬥再起，於是在此地四方築起土垣，庄民也因此逐漸移入，一戶繳納銀元一兩，除一般事務費外，日後多餘的經費遂捐作大墓公的管理基金。昭和 13 年 12 月 19 日，大墓公管理者板橋庄林清山「遵諾字據及採問耆老」，記下了大墓公建功立業的由來，手抄《祭祀公業埤塘大墓公沿革》一冊，其中〈添附〉一文，關係著大墓公歷代董事和管理者，及其後代子孫氏名，在清光緒 18 年（明治 25 年）第八項一筆中，名列其中者恰有「游其祥（子游好焚）」。除了手抄記錄，大墓公墓也曾立碑書功：

　　昭和十三年十二月十九日舉行一百五十年祭。關于義塚之功勞者，創始至今，功績卓著，特立此碑。

　　「承先人之貽謀，啟後代行例祭。」

　　歷代董事：林維祥、賴建春、黃興火、林士開、江超、林文振、林國富、林輝亮、林松雲、呂疇、廖大年、游其祥、邱傳維、黃三興、林銀粟、黃義我、林文雅、劉福祥、江大崑、王媽順、廖貴登。

　　清光緒十年（1884）八月，由業主板橋林家「本源課館」公約
的一紙古文書，詳盡羅列擺接堡街庄負責團練土勇的各結首，游其源
也身在其中。團練制起於康熙末年朱一貴事件後，藍鼎元代總兵藍廷
珍上書浙閩總督有關善後對策，曾謂「團練鄉兵，亦是靖盜一法」，
並認爲當今「宜急訓練鄉壯，聯絡村社，以補兵防之所不周，家家
戶戶，無事皆農，有事皆兵，使盜賊無容身之地……」。光緒十年
（1884），清、法在越南戰事發生後，福建巡撫劉銘傳奏請以板橋林維
源爲全臺團練大臣，另訂〈全臺團練章程〉，團練組織的經費來源，
皆由住民捐貲，所謂「富者出資，貧者出力」，若憑茶業巨商游其源
素與林家有所來往，擔任團練結首可說名正言順。

　　若時間再往前推斷，板橋林家林維讓、林維源首倡捐貲設立義
學，大觀書社擴興成大觀義學，學舍就位在板橋東北隅林家花園旁，
清同治12年（1873）中春，「大觀義學碑記」暨「義學捐貲名氏」碑
石銘刻，當中也記錄與林家素有往來的游其源捐出銀元拾陸元：

　　……邱四毓、沈陳成、游其源、林文德、林長源、羅士然、胡朝陣
（胡朝）旺、林士鑾、陳六合、江益煌、游協榮、羅太和、林繼瑞，以上
各捐拾陸元。

　　柳暗花明又一村，冥冥之中游氏兄弟的線索，藉由碑碣或手抄文
之手，穿越時空又回到了現代舞臺。

　　在今新北市土城區清水路的游其源後代子嗣老厝內，仍留藏有
《游氏族譜直系卷》（民國69年6月）未公開之手抄本，內載游家渡臺
祖（游）典染，子嗣民井（大房橋頭祖）、民溺（二房）、民湖（湖

仔溝祖），民井橋頭祖子嗣（游）其源，庄人俗稱「柔韭頭」（這也應證了游其源又被稱呼爲游阿韭的由來），是當時游氏一族的大頭家，據子孫所聞，田產從清水坑橋頭一帶，過茶山（大尖山）、安坑山（新店）數百甲，其他諸如外港、龍潭、大崙等地則數十甲，從土城走到新店都是自家茶山，彼時號稱千人茶工，每日用餐需吃掉20石米，每年農曆七月也會回到大墓公殺豬公，可見游其源家族在當地曾經顯赫一時。無奈咖啡試種之時，事業正值鼎盛的游家頭家驟然瞌逝，或許因此中斷了咖啡試驗。

　　一張近代出土的產業買賣古契約中，多少透露了游其源子孫後輩的消息，而世事多變難料，亦令人不勝唏噓：

　　杜買盡根　約字人游好清有土地　段址在文山堡安坑庄土
　　名四城其四至境界該第壹段東至廖家田毗　西至廖家田毗
　　南至自己山圳　至溪底各為界其第貳段東至溪西至崁南
　　至崁　至溪各為界其第　段田　小山埔其它至東至溪西至
　　崁及橫竹南至溪　至溪各為界該　段界內併配荒　餘……

　　游家在輝煌時期秉持「士而志文維國典　民其好禮振家聲　槐庭啓運千秋茂　立雪嗣徽萬古榮」祖訓，游其源取其「好」字，遺有（游）好清、好感、好謀三位子嗣，並記游其源1839年生。

　　明治35年11月7日，《臺灣日日新報》1355號漢文版「雜事」載〈失一巨商〉全文如下：

　　游其源別號柔韭，居擺接之橋頭庄。廿年前擺接始植茶，游其源乃

倡其先，源謂將來茶業必盛，嘗典田建置茶山，一植百餘萬，茶商中可稱巨擘，後果以茶興家，財產約可十萬計。跡其為人，義氣和平又能好行義舉，官民咸仰其名。因邇來茶價屢敗，用度愈多，所入不供，所出暗自憂煩，遂成癆病。幸今裝茶獲利，頗覺心安，但一切家務必親自料理，是以素憊其精神，於去廿八日竟至化鶴西歸，鄰朋戚友咸為之太息不置焉。

　　茶業巨商游其源因茶事業的起落而焚憂，也因此操勞成疾，不幸於明治35年10月28日病逝，過去他在擺接山區植茶百餘萬，經營的有聲有色，其影響力可能後無能及，可惜晚年做茶生意不如從前，咖啡或許曾燃起了他另一次的希望，又或許咖啡已不再是心頭懸掛的重要之事，但，終究在擺接地區留下了最先倡導種茶之美名。

　　1930年代日人澤田兼吉重啓調查臺灣咖啡，在尋訪的過程裡，知悉早先種植咖啡的游其祥氏過世後，田產已過繼給七個子嗣，其中由五男游過房繼承的咖啡田已經全數砍伐，但次子游好雲宅地仍留有少許樹苗，也是後來澤田兼吉所採樣的咖啡樹。換言之，明治43年的「關西府縣聯合共進會博覽會」，很可能成了游其祥所植咖啡最後的公開展覽舞台。

　　會有如此推論，或許可從明治42年12月26日（24日發）《漢文臺灣日日新報》「擺接通訊」欄，也有游其祥〈善行可嘉〉訃文報導中看得清楚：

　　擺接清水坑庄。游其祥氏。以農業起家。植茶數十萬。與從兄游其源。均稱為茶商中巨擘。其生平品行。以方正聞。善能嚴束子弟傭工。凡有揀茶婦女。無敢混雜。作出無恥之端。洵於風俗上有裨益。更可羨者。

素知大義。無論大小公益。皆能力任不辭是以當軸者。愛而重之。因舉他為該庄保正。事事便民為主。罔有間言。今春土城設置分校。又任學務委員之職。不少效勞。有此數善。宜其舉之以風世焉。一旦無疾而終。聞者為之悼惋。榮蒙學務主任。代理臺北廳長往視。以及枋橋公學校長。土城分校王訓導。各率數十生徒。並有支廳長警部補。巡查等。一同會葬。然非協望於官民。安能有此光耀哉。

　　原來，游其祥乃是游其源的堂弟，除與從兄游其源同具植茶數十萬的大茶商身分，游其祥晚年更身兼冷水坑庄保正以及枋橋公學校土城分校的學務委員，可謂門楣光耀。然而，曾經試種咖啡於冷水坑的事蹟、遠渡重洋參展博覽會的功勳，或在咖啡園圃中親手栽培扶植的那些咖啡樹，而今安在哉？明治43年「關西府縣聯合共進會博覽會」舉辦前，游其祥以自家種咖啡豆參展，但其實送展後還未開展前，游其祥已於前一年底逝世，隔年展覽後，雖榮獲第四等佳賞，也成為最後一次的公開評選，且以後均不見其自家咖啡豆的消息，那次的博覽會遂成為游其祥自產咖啡豆的最後亮相之所在了。

〔參考書目〕

主要參考舊籍書目（僅錄書刊名）

報紙

- 臺灣日報
- 臺灣新報
- 臺灣日日新報
- 漢文版臺灣日日新報
- 臺灣新民報
- 臺灣商報

期刊

- 臺灣經濟年報
- 臺灣藝術新報
- 臺灣建築會誌
- 民俗臺灣
- 臺灣婦人界
- 茶と珈琲
- 風月
- 風月報
- 三六九小報

書冊

- 臺北市大觀
- 臺南市大觀
- 高雄市大觀
- 新竹大觀
- 基隆大觀
- 中部臺灣共進會
- 始政四十周年記念臺灣博覽會誌
- 商業美術展覽會記念帖
- 廣告祭寫真帖
- 嘉義商工業案內
- 高雄港勢展覽會
- 珈琲遍歷
- 臺北市史（昭和6年）
- 臺灣總職員錄
- 臺北州第一統計書
- 第一回臺南市統計書
- 新竹州下各官公署、銀行、會社、產業組合職員錄
- 高雄州下官民職員錄
- 臺灣民間職員錄
- 全島商工人名錄
- 臺北市統計書（警察類）
- 臺中市產業要覽

- 高雄市商工案內
- 基隆市商工業案內
- 彰化市商工業案內
- 大東亞共榮圈の中心地臺北
- 臺灣人士鑑
- 臺北商工人名錄
- 臺灣商工便覽
- 御大典記念臺北市六十餘町案內
- 會社銀行商工業者名鑑
- 大臺北民間職員錄
- 大臺北民間職業別職員錄
- 新竹、高雄、臺中、彰化、屏東、基隆、臺南各地商工人名錄

國家圖書館出版品預行編目（CIP）資料

臺灣摩登咖啡屋 / 文可璽著 . -- 初版 . -- 臺北市：
前衛, 2014.7
296面；17x23公分
ISBN 978-957-801-734-4（平裝）

1.生活史 2.消費文化 3.日據時期

733.4   102025944

臺灣摩登咖啡屋

作　　者　文可璽
責任編輯　番仔火
美術編輯　余麗嬪
校　　對　黃富雄　蕭景文　胡文青
出 版 者　前衛出版社
　　　　　10468台北市中山區農安街153號4樓之3
　　　　　Tel: 02-2586-5708　Fax: 02-2586-3758
　　　　　郵撥帳號：05625551
　　　　　e-mail: a4791 @ ms15.hinet.net
　　　　　http://www.avanguard.com.tw
出版總監　林文欽
法律顧問　陽光百合律師事務所
出版日期　2014年7月初版一刷
　　　　　2022年3月二版一刷

總 經 銷　紅螞蟻圖書有限公司
　　　　　台北市內湖舊宗路二段121巷19號
　　　　　Tel: 02-2795-3656　Fax: 02-2795-4100

定　　價　新台幣350元
©Avanguard Publishing House 2014
Printed in Taiwan ISBN 978-957-801-734-4
＊「前衛本土網」http://www.avanguard.com.tw/
＊ 請上「前衛出版社」臉書專頁按讚，獲得更多書籍、活動資訊
　 https://www.facebook.com/AVANGUARDTaiwan